JN299882

# ぜんぶ解ける！
# TOEIC® TEST
# でる問題集 PART 7

成重　寿
Narishige Hisashi

Vicki Glass
ビッキー・グラス

Jリサーチ出版

TOEIC is a registered trademark of Educational Testing Service (ETS).
This publication is not endorsed or approved by ETS.

# はじめに

　Part 7 の読解問題は TOEIC TEST の最後に控える難関です。
　全部で 48 問あり、このパートの成否がリーディングセクションのスコアを決めると言っても言いすぎではないでしょう。多くの受験者が最後まで解ききれないのが現実です。
　Part 7 は読む分量が非常に多く、また最近の傾向として「考えさせる設問」が増えたため、全体の難度もやや上がりました。
　本書はそんな Part 7 の実戦練習ができるようにつくられた 1 冊です。

### Part 7 の全体像を知る、時間配分を決める

　実際に問題を解く前にまず Part 7 の全体像を把握しておきましょう。特にビギナーの人やまだ TOEIC に慣れていない人は、本書のイントロに当たる「5 つのスピード解法でぜんぶ解こう！」に目を通してください。Part 7 の全体像と必要な戦略やテクニックを知ることができます。
　Part 7 で特に重要なのはタイムマネジメントです。リーディングセクションはリスニングセクションと違って時間配分は受験者の手にゆだねられているので、時間をいかに上手にコントロールできるかが試験の出来を大きく左右します。タイムマネジメントについてもアドバイスしています。

### テストに慣れて本番に備えよう

　本書は最近の TOEIC の傾向を反映した模擬テスト 4 セット分を収録しています。時間を意識しながら解いてみましょう。あらかじめ解答時間を決めて進めるか、あるいはスタート時間と終了時間をチェックして、

どれくらいかかったか計測するようにしてください。最終的には自分の時間配分のパターンをつかんで、本番を迎えることが大切です。

　答え合わせをしたら、間違った設問やわからなかった設問を確認しておきましょう。また、問題文もしっかり理解できるまで読み込んでおくといいでしょう。実際の TOEIC でも似通った傾向の文章が出題されます。

### 速読のカギはボキャブラリーにあり

　Part 7 では速読が求められますが、速く読むには知らない単語が少ないことが条件です。ゆっくり読んで内容をきちんと理解できない文章を速く読むことなどできないからです。Part 7 攻略にはしっかりとした語彙力の基盤が不可欠なのです。

　問題を解き終えたら、重要語・難語をリスト化した「ボキャブラリー」コーナーで知らない単語・表現を復習しておきましょう。また、Word Capsule という単語コラムで、ビジネス・生活の頻出語（全部で 225 語）をまとめて覚えられるようにしていますので、そちらも活用してください。

　本書が受験者のみなさんの Part 7 攻略の一助となれば、これほどうれしいことはありません。

著者一同

## ぜんぶ解ける！
## TOEIC TEST でる問題集 PART 7
## CONTENTS

はじめに……………………………………………………………2
本書の利用法………………………………………………………6
5つのスピード解法でぜんぶ解こう！…………………………8
- 解法1 Part 7 の特徴を知る…………………………………8
- 解法2 解き方の基本…………………………………………11
- 解法3 パラフレーズを見抜く………………………………12
- 解法4 タイムマネジメント…………………………………13
- 解法5 語彙力→速読力＝解答力……………………………14

TEST 1　正解・解説…………………………………………15
TEST 2　正解・解説…………………………………………45
TEST 3　正解・解説…………………………………………81
TEST 4　正解・解説…………………………………………113

（問題編）別冊

| | | |
|---|---|---|
| TEST 1 | 問題………1 | 解答用紙………113 |
| TEST 2 | 問題………27 | 解答用紙………115 |
| TEST 3 | 問題………55 | 解答用紙………117 |
| TEST 4 | 問題………83 | 解答用紙………119 |

| | | |
|---|---|---|
| Word Capsule 1 | オフィス | 23 |
| Word Capsule 2 | 会社 | 47 |
| Word Capsule 3 | 企業業績 | 49 |
| Word Capsule 4 | 経営・戦略 | 51 |
| Word Capsule 5 | 採用 | 75 |
| Word Capsule 6 | 人事 | 79 |
| Word Capsule 7 | 生産・運送 | 80 |
| Word Capsule 8 | マーケティング | 89 |
| Word Capsule 9 | 販売 | 96 |
| Word Capsule 10 | 会議 | 112 |
| Word Capsule 11 | 買い物・マネー | 115 |
| Word Capsule 12 | 不動産 | 117 |
| Word Capsule 13 | 海外旅行 | 121 |
| Word Capsule 14 | 契約 | 130 |
| Word Capsule 15 | 食事 | 143 |

# 本書の利用法

本書は Part 7 の読解問題に特化した問題集です。Part 7 のテスト 4 セットで構成されています。

## 効果的な学習のしかた

### 1 「解法」を知っておこう

　　Part 7 は限られた時間で大量の文章・設問を処理しなければなりません。基本的な戦略、時間管理が成否を分けます。TOEIC 初級者の方は特に、まず「5 つのスピード解法でぜんぶ解こう！」(p.8) に目を通して、Part 7 の全貌と基本戦略を知っておきましょう。

### 2 「実戦力」を磨こう

　　Part 7 の全貌を知ったら、実際の問題にトライしてみましょう。4 セットのテストが用意されています。あらかじめ時間を決めて解いてみましょう (50 分が目安です)。スタート時間と終了時間をチェックして、全体を何分で解けたか確認するのもいいでしょう。答え合わせをして、間違った問題をしっかり復習しましょう。

### 3 「語彙力」を強化しよう

　　Part 7 には速読が必要ですが、速く読むには語彙力がカギになります。テストを終えたら、知らない単語・表現を必ずチェックしましょう。各問題の「ボキャブラリー」欄を活用してください。また、コラムとしてビジネス・生活語をまとめた 15 の Word Capsule を各所に収録しています。

# 解説のページ

本書はしっかり復習ができるように、工夫されたつくりになっています。

- パッセージの設問番号を示します。
- 難易度を星の数で表示します。
  - ☆：基本的
  - ☆☆：標準
  - ☆☆☆：やや難〜難
- 正解と設問の種類を示します。
- 解説は正解を導き出すヒントのほか、注意すべきポイントや誤答選択肢の排除理由などを説明します。
- 問題文と設問・選択肢の訳です。各設問のアンサーキーの情報の場所を下線で示しています。
- 問題文・設問・選択肢で使われている単語・表現で、重要なものや難しいものをリスト化しています。ボキャブラリーの復習・増強に利用しましょう。

## Questions 1-2

**1.** 正解 個別情報 ☆

解説 第1文の Ted Thomas Hair Designs has a special offer for new customers for haircuts, permanent waves and hair color. から、クーポンの対象者は「新規顧客」である。「テッド・トーマスヘアデザインに一度も来たことがない人たち」とする (B) が正解である。

**2.** 正解 NOT 設問 ☆

解説 (B)「薬品利用の施術についてくる無料のヘア用品」は Those who have a chemical service will also receive a free bottle of conditioner. に、(C)「カットの割引」は 30% off a haircut に、(D)「無料のヘアブラシ」は receive a free brush にそれぞれ対応する。予約については、*Valid weekdays only, from 10:00 to 8:00 p.m. とあるので、(A)「土曜日の予約」が正解となる。

訳 設問 1〜2 は次のクーポンに関するものです。

**テッド・トーマスヘアデザイン**
ブロードウェイアベニュー20番地
808-3728-7383

[1]テッド・トーマスヘアデザインでは、初めてのお客様のためにカット、パーマ、カラーの特別サービスを行っています。このクーポンをご持参の初来店のお客様は、薬品を使う施術が4割引。また、[2]カットが3割引になります。また、[2]薬品利用の施術を受けるお客様には、コンディショナー1本を無料で差し上げます。クーポンをお持ちのお客様全員に[2]ブラシを贈呈します。

* 平日のみ有効。午前10時から午後8時まで。
* お気軽にご来店ください。ご予約は必要ありません。

1. このクーポンは誰に向けたものですか。
   (A) テッド・トーマスヘアデザインの常連客である人たち
   **(B) テッド・トーマスヘアデザインに一度も来たことがない人たち**
   (C) テッド・トーマスヘアデザインでカットしたことがある人たち
   (D) テッド・トーマスヘアデザインでパーマをかけたことがある人たち

2. クーポンには何が含まれていませんか。
   **(A) 土曜日の予約**
   (B) 薬品利用の施術についてくる無料のヘア用品
   (C) カットの割引
   (D) 無料のヘアブラシ

**ボキャブラリー**
- permanent waves パーマ
- valid 有効な
- chemical 化学品の
- walk-in 予約なし

# 5つのスピード解法でぜんぶ解こう！

Part 7 はリーディングセクションの最後にある読解問題のパートです。近年、難化傾向にあり、多くの受験者は最後まで解ききれません。まず、Part 7 がどんな特徴があるかを知り、次に攻略法を探ることにしましょう。

## 解法 1　Part 7 の特徴を知る

### ● 問題の配列

　Part 7 は Q153 から Q200 までの計 48 問で構成されます。その内訳は、Q153 ～ Q180（計 28 問）がシングルパッセージ（SP）で、Q181 ～ Q200（計 20 問）がダブルパッセージ（DP）です。シングルパッセージの設問数は 2 ～ 5 問とまちまちで、ダブルパッセージの設問数はすべて各 5 問に統一されています。

　問題の配列は、最初は比較的易しいシングルパッセージから始まります。易しめのシングルパッセージの設問数は 2 問ないしは 3 問が普通。シングルパッセージの最後のほうに長く難度の高いシングルパッセージが 1 つ、または 2 つ出題されます。難しいシングルパッセージは設問数が 4 ～ 5 問と多く設定されているのが特徴です。

《問題の配列》

易しい SP ▶ 標準の SP ▶ 長く難しい SP ▶ DP

### ● 設問の種類

　設問は大きく 7 つに分類できます。「文書の目的・テーマ」「個別情報」は文章の特定の部分から正解を導けるため、「単語問題」はわかるかどうかなので短い時間で解けます。

　一方、「分散情報」「NOT 設問」「クロスレファレンス」については、文章中の複数の情報、ないしは複数の文書の情報を見ないと解けないため、「推測

問題」については情報に基づいて考えるプロセスが必要なためどうしても時間がかかります。時間通りに終わらない理由の一端もこういった設問の設定に起因すると言えるでしょう。

　TOEICの場合、どの種類の設問であっても、問題文中に必要な情報を見つければ解答できます。推測問題もあくまで文中のアンサーキー（解答のカギになる情報）に基づいて解けます。ある意味では、Part 7 は「読解」というより、「情報処理」であり、この情報処理をいかにすばやく正確に進めるかがポイントになるのです。

　設問の種類と解答法はリスト化しましたので、参考にしてください。

### ❶ 文書の目的・テーマ　　文章の目的・書かれた理由を問う
▶ タイトルや冒頭に注目する。全体の流れから判断すべきことも。

### ❷ 個別情報　　特定の情報を問う
▶ アンサーキーを見つければ解ける。複数個所を見る必要があることも。

### ❸ 分散情報　　be indicated [implied / suggested / true] about などが使われる
▶ アンサーキーが文章全体に散らばっていることが多い。時間がかかる。

### ❹ 推測問題　　most likely などが使われる
▶ 状況から予測できる選択肢を選ぶ。カギになる情報をつかめば難しくはない。

### ❺ NOT 設問　　書かれていない情報を指摘する
▶ 各選択肢について、問題文の情報と照合して誤答選択肢を消去していく。

### ❻ 単語問題　　文脈での意味を考える
▶ 類義語の知識が役立つが、あくまでその文で使われている意味を判断する。

### ❼ クロスレファレンス　　ダブルパッセージに出る
▶ 両文書の情報を組み合わせて判断する。

## ● 文書の種類

文書の種類は本書では便宜的に7つに分類しました（一覧を参照）。種類によって一概に難易度は決めにくいですが、フォーム、告知文、広告などは短いものも多く、解きやすいと言えます。

一方、記事は長いものが多く、また説明文の契約書・保証書などは語彙レベルが高くなるので、解くのに時間がかかります。メール・レターは長短・難易さまざまで一様に決められません。

ダブルパッセージは難しいイメージがありますが、意外に簡単に解けるものもあります。

---

**❶ メール・レター**　　難度：☆〜☆☆　　難度は内容によるが、難しいものは少ない。

メール (e-mail)、手紙 (letter)

**❷ 告知文**　　難度：☆〜☆☆　　人に知らせる文章なので読みやすい。

社内回覧 (memorandum/memo)、告知 (notice)、情報 (information)、パンフレット (brochure) など

**❸ 説明書**　　難度：☆☆〜☆☆☆　　書き方のスタイル、語彙が難しいものも。

指示書 (instructions)、マニュアル (manual)、保証書 (warranty)、契約書 (contract) など

**❹ 広告**　　難度：☆〜☆☆　　求人や不動産の広告は特徴的な語彙になじんでおきたい。

商品広告 (product ad)、求人広告 (help-wanted ad)、不動産広告 (real estate ad) など

**❺ 記事**　　難度：☆☆〜☆☆☆　　文章が長く語彙難度も高いものが多い。730点目標までならスキップする手も。

記事 (article)、社内報 (newsletter)、ブログ (blog) など

**❻ フォーム**　　難度：☆〜☆☆　　簡単で解きやすいものが多い。

スケジュール (schedule)、旅行計画 (itinerary)、申込用紙 (application form)、アンケート (questionnaire/survey)、明細書 (statement)、会議の議題 (agenda) など

**❼ ダブルパッセージ**　　難度：☆☆〜☆☆☆　　見かけによらず簡単なものもある。

「メール＋メール」「メール＋スケジュール」「メール＋請求書」「求人広告＋レター」など、組み合わせは多彩

## 解法 2　解き方の基本

　さて、Part 7 をいかに読んでいかに解くかですが、すでに見た現行の設問設定を考えたうえで、基本的に問題文をすべて読むことをお勧めします。

　「分散情報」「NOT 設問」「推測問題」などは、どこに必要な情報があるか設問の見かけから絞ることはできません。しかし、あらかじめ問題文全体を読んでおけば、どんな設問であろうと、すべての情報とその場所が頭に入っているはずなので、対処しやすいというわけです。

　設問ごとに、情報を問題文中に求めていくやり方は、上記の理由でかえって非効率です。ただし、短い広告や表組のフォームなどは問題文を全部読まずに、設問ごとに正解を探すというやり方で大丈夫でしょう。

　ちなみに、筆者はまず設問のみをちらっと見てから問題文を頭から終わりまで読んで、設問・選択肢に取り組むというスタイルです。最初に設問を見ておくと、読みながら解答の見当がつくこともあります。

《**解答の手順**》

**STEP 1　設問をぱっと見る**

何が問われているかすべての設問について知る。
選択肢は読まなくていい。

▼

**STEP 2　問題文全体を読む**

すばやく全体に目を通す。文書のテーマと、
どこに何が書かれているかを押さえる。

▼

**STEP 3　選択肢と照合する**

もう一度設問を見て、問題文中にアンサーキーを探し、選択肢と照合する。
一度問題文全体を通して読んでおくと、アンサーキーはすぐに見つかる。

## 解法 3　パラフレーズを見抜く

　Part 7 ではパラフレーズが多用されます。パラフレーズとは異なる表現を使った「言い換え」のことで、設問・選択肢と問題文の間で頻繁にこの言い換えが行われています。

　注意したいのは、正解の選択肢は必ずと言っていいほど何らかの言い換えがなされていることです。逆に言えば、問題文と同じ表現が使われている選択肢はうたがってかかったほうがいいということです。

　パラフレーズと言っても、特に難しいわけではありません。一定の語彙力があれば、すぐにわかるレベルです。

　対策としては、1つは本書も含めて少しでも多くの問題に当たり、パラフレーズのパターンになじんでおくこと。もう1つは、ビギナーの方や600点を目標とされる方は、単語の学習において類義語をチェックしておくことです。パラフレーズは類義語を軸に行われることが多いからです。

《パラフレーズの例》

- directors　▶　management
  （役員たち）　　（経営陣）

- hotel　▶　accommodations
  （ホテル）　　（宿泊施設）

- Jack and Hillary　▶　colleagues
  （ジャックとヒラリー）　　（同僚）

- put off a travel　▶　rearrange an itinerary
  （旅行を延期する）　　（旅行計画を再調整する）

## 解法 4　タイムマネジメント

　Part 7 攻略に不可欠なのが時間管理です。ただ、時間管理は Part 7 だけでやっても意味はありません。リーディングセクションの持ち時間は 75 分。それをどのように効率的に配分するかが大切です。[Part 5&6] [Part 7] の 2 つのブロックに分けて目安の時間を決めておきましょう。

### 目標　ぜんぶ解く

　Part 7 を最後まで完全に解き切るには、Part 5 と 6 を 25 分以内に終わらせることが最低限必要でしょう。この際には Part 5 と 6 には 52 問あるので、1 問に 28 秒余りを当てることができます。
　しかし、これでは余裕はほとんどありません。少し精神的にゆとりを持って進めるには、Part 7 に 55 分は残したいところです。すると、Part 5 と 6 にかけられる時間は 20 分になり、これらのパートを 1 問=約 23 秒で解くことが求められます。

|  | [Part 5&6] | [Part 7] |
|---|---|---|
| 最低条件 | 25分 | 50分 |
| 十分条件 | 20分 | 55分 |

### 目標　少しでも多く解く

　600～730 点を目標とされる方は Part 7 の完答は無理だといさぎよく割り切って、いかに多く解くかという姿勢で臨むことにしましょう。Part 5 と 6 をあわてて進めて、これらのパートで不要の失点を重ねるのは避けなければなりません。
　先にも指摘したように、Part 7 の並びは、〈易しい SP〉→〈標準の SP〉→〈難しい SP〉→〈DP〉なので、これを頭に入れて問題を取捨するのがいいでしょう。DP には簡単なものもあるので、難しい SP をスキップすることも考えましょう。ただ、人によって得手不得手もあるので、問題の取捨はあくまで個人の判断が基本です。もちろん、マークシートにはすべてマークすること。

## 解法5　語彙力→速読力＝解答力

　Part 7には速読が必要だとよく言われますが、速読というのは文章の内容が理解できてはじめて成立します。つまり、知らない単語がいくつも出てきて理解が伴わない文章は速読などできないということです。

　ということは、ビギナーや600点目標の学習者の場合には、語彙力を増やすことが速読の前段階となります。まず、TOEICに必要な語彙力をしっかり身につけるようにしましょう。

　語彙力増強と同時に速読そのものの練習もしておきましょう。速読と言っても、TOEICではネイティブスピーカーのような読解スピード（1分間＝300語くらい）は要求されません。外国人が「普通に読む」ことができれば、Part 7は完答できるのです。具体的には1分間＝150〜160語程度で十分です。

　英語を「速く」読むコツは次の3つに集約できます。まずは、ご自分が確実に理解できる文章で練習することをお勧めします。未知語がほとんどない文章で練習してみましょう。

### Tips 1　数語単位で読む

1語ずつ目で追うのではなく、
数語くらいをまとめて目に入れていく。

### Tips 2　直進的に読む

後戻りはしない。常に前に向かって進む。
関係詞や従属接続詞で戻らないこと。

### Tips 3　英語のまま理解する

頭の中で日本語に訳してはいけない。それだけスピードが落ちる。
英語だけで理解すればショートカットできる。

# TEST 1
正解・解説

# Questions 1-2

**1.** 正解 **(B)** ●個別情報 ☆

解説 第1文の Ted Thomas Hair Designs has a special offer for new customers for haircuts, permanent waves and hair color. から、クーポンの対象者は「新規顧客」である。「テッド・トーマスヘアデザインに一度も来たことがない人たち」とする (B) が正解である。

**2.** 正解 **(A)** ● NOT 設問 ☆

解説 (B)「薬品利用の施術についてくる無料のヘア用品」は Those who have a chemical service will also receive a free bottle of conditioner. に、(C)「カットの割引」は 30% off a haircut に、(D)「無料のヘアブラシ」は receive a free brush にそれぞれ対応する。予約については、*Valid weekdays only, from 10:00 to 8:00 p.m. とあるので、(A)「土曜日の予約」が正解となる。

訳 設問 1～2 は次のクーポンに関するものです。

**テッド・トーマスヘアデザイン**
ブロードウェイアベニュー 20 番地
808-3728-7383

(1) テッド・トーマスヘアデザインでは、初めてのお客様のためにカット、パーマ、カラーの特別サービスを行っています。このクーポンをご持参の初来店のお客様は、薬品を使う施術が4割引に、また (2) カットが3割引になります。また、(2) 薬品利用の施術を受けるお客様には、コンディショナー1本を無料で差し上げます。クーポンをお持ちのお客様全員に (2) ブラシを贈呈します。

* 平日のみ有効。午前10時から午後8時まで。
* お気軽にご来店ください。ご予約は必要ありません。

**1.** このクーポンは誰に向けたものですか。
 (A) テッド・トーマスヘアデザインの常連客である人たち
 **(B) テッド・トーマスヘアデザインに一度も来たことがない人たち**
 (C) テッド・トーマスヘアデザインでカットしたことがある人たち
 (D) テッド・トーマスヘアデザインでパーマをかけたことがある人たち

**2.** クーポンには何が含まれていませんか。
 **(A) 土曜日の予約**
 (B) 薬品利用の施術についてくる無料のヘア用品
 (C) カットの割引
 (D) 無料のヘアブラシ

ボキャブラリー
□ **permanent waves** パーマ  □ **chemical** 形 化学品の
□ **valid** 形 有効な  □ **walk-in** 名 予約なし

## Questions 3-5

**3.** 正解 **(B)** ✓ 文書の目的 ☆

解説 このスケジュールの特性がよく表れているのは、8:30: Set-up booth、9:30: Show opens、1:30: New product announcement at booth; sample giveaway など。「ブース」「ショー」「製品発表」「サンプル配布」から、(B) A trade show（商品見本市）が適切である。

**4.** 正解 **(D)** ✓ 分散情報 ☆☆

解説 9:00: Meet with the Asian distributor や 10:30: Meet with potential retail clients from Europe より、アジアやヨーロッパとビジネスの関係があるので、「国際的な関係がある」とする (D) が正しい。distributor（販売業者）と会うとは書いてあるが、Cooper and Son's が販売業者かどうかはわからないので (A) は誤り。

**5.** 正解 **(A)** ✓ NOT 設問 ☆☆

解説 (B)「品物をしまわなければならない時間」は最後の注意書きの *all display items must be back in the warehouse by 10:00 p.m. に、(C)「運送費用に関して話し合うための昼食会」は 12:30: Lunch meeting with Dynamo, Inc. to negotiate shipment fees に、(D)「見込み客である小売業者との会合」は 10:30: Meet with potential retail clients from Europe にそれぞれ対応する。(A)「販売業者との夕食会」だけが記述がないので、これが正解である。

訳 設問 3 〜 5 は次のスケジュールに関するものです。

### クーパー・アンド・サンズ社のスケジュール
ロジャー・テナート

3月3日

| | |
|---|---|
| 8:30 | ブース設営 (3) |
| 9:00 | アジアの販売業者と会う (4) |
| 9:30 | 見本市が開場 (3) |
| 10:30 | 欧州の小売業の見込み客と会う (4)(5) |
| 12:30 | ダイナモ社と昼食会。運送費について交渉 (5) |
| 1:30 | ブースにて新製品の発表。サンプル品の配布 (3) |
| 2:30 | 車でカールソン・インダストリーズへ。試作品を渡す |
| 4:00 | 地域の流通業者と最終的な会議 |
| 5:30 | ブースの撤収 |

* 展示品はすべて午後10時までに倉庫へ戻すこと。(5)

3. これは何のスケジュールですか。
   (A) 顧客との会議
   **(B) 商品見本市**
   (C) 配送サービス
   (D) 運送についてのセミナー

4. クーパー・アンド・サンズについて何が推測できますか。
   (A) 販売業者である。
   (B) 新製品は持っていない。
   (C) 地域の市場に集中している。
   **(D) 国際的な関係がある。**

5. スケジュールに挙がっていないことは何ですか。
   **(A) 販売業者との夕食会**
   (B) 品物をしまわなければならない時間
   (C) 運送費用に関して話し合うための昼食会
   (D) 見込み客である小売業者との会合

ボキャブラリー
- itinerary 名 日程表
- potential 形 可能性のある
- shipment fees 運送費
- drop off ～を納入する
- break down ～を撤収する
- trade show 商品見本市
- distributor 名 販売業者
- retail 形 小売りの
- giveaway 名 (無料の) 配布
- prototype 名 試作品
- warehouse 名 倉庫

## Questions 6-7

**6.** 正解 **(D)** ✓ 文書の目的 ☆

解説 冒頭で Come down to ModCons Furniture this weekend only for our biggest sale of the year. と、「週末限定のセール」をうたっている。また、第2文の All furniture items in our store より対象製品は「店のすべての家具」である。広告の後半も週末限定セールの説明なので、(D) が最適である。最後の文に All our outlets（全店舗）とあることから、「新しい家具店の低価格を発表する」とする (C) は不適。

**7.** 正解 **(A)** ✓ 個別情報 ☆

解説 後半にある If you don't find what you're looking for in stock during our big sale weekend, simply order the item this weekend and pay the same, low sale price. に注目。「在庫がない場合にも、今週末にはセール価格で注文できる」ということなので、(A) が正解となる。なお、最後の文の All our outlets will be open one hour later than usual ～から、店はいつもより1時間遅くまで営業するので、(D) は誤り。

訳 設問6～7は次の広告に関するものです。

⁽⁶⁾今週末はモドコンズ家具店へおいでください。年に一度の当店最大のセールを行います。当店の家具すべてが3割から5割引になります。有名デザイナーによる新しいモダンなスタイルの家具を取りそろえており、新居や今のお部屋を市内で最もお安く模様替えできます。⁽⁷⁾お探しの家具が今週末のセール中に在庫がない場合にも、期間中にご注文いただければセールと同じ安い値段でお買い上げいただけます。セール期間中には、全店舗で開店時間を通常より1時間延長いたします。金曜日から日曜日までの午前10時から午後8時までとなります。

**6.** この広告の目的は何ですか。
   (A) 新しくモダンなスタイルの家具を発表すること
   (B) 1週間の長さの家具セールを発表すること
   (C) 新しい家具店の低価格を発表すること
   **(D) 週末だけの家具のセールを発表すること**

**7.** セールで客ができることのひとつは何ですか。
   **(A) 売り切れてしまったものをどれでもセール価格で注文する**
   (B) 店内にある全商品を半額以下で手に入れる
   (C) 新居についてデザイナーに相談する
   (D) いつもより早い時間に買い物をする

### ボキャブラリー
- ☐ **item** 名 商品
- ☐ **ideal** 形 理想的な
- ☐ **outlet** 名 小売店；直販店
- ☐ **mark down** ～を値下げする
- ☐ **modernize** 他 現代的にする
- ☐ **consult** 他 相談する

## Questions 8-10

**8.** 正解 **(C)** ✓個別情報 ☆

解説 本文第 1 文の At Sanders Relocation Services we are committed to making your international move as smooth as possible. にある、Relocation（引っ越し）、international move（国際的な引っ越し）から、(C) の A global moving service が選べる。(D) については、office（事務所）と限定する記述がないので、不適切である。

**9.** 正解 **(D)** ✓個別情報 ☆☆

解説 設問の find out the costs for the services（サービスの費用を知る）とは、obtain a quote（見積もりを取る）ことを意味する。第 2 パラグラフの To obtain a quote within 24 hours, please use the Contact Us link above. より、Contact Us をクリックすればいい。(D) が正解である。

**10.** 正解 **(D)** ✓単語問題 ☆

解説 前問でも触れたが、quote は quotation の省略形で「見積もり」の意味。同様の意味を持つのは (D) estimate である。

訳 設問 8 〜 10 は次のウェブページに関するものです。

| ホーム | 当社のサービス | アクセス | 連絡先 |

(8) サンダース・リロケーション・サービシズでは、みなさまが海外へのお引越しをなるべく簡単にできるようお手伝いしています。当社は家具類を部屋から部屋へ移動する作業のすべてを取り扱っています。当社のサービスをご利用いただければ、大切な品物を傷つけることなく、引越しが時間通りに完了して安心です。国内外を問わず、お客様の細かなご注文にもすべて対応いたします。

(9) 24 時間以内に (10)お見積もりをご希望の場合は、上記の「連絡先」のリンクをご利用ください。ご来社の上、業務担当者とお話しになりたい場合は、「アクセス」をクリックしてください。品物の梱包など、当社のすべてのサービスをご覧になりたい場合は、「当社のサービス」のリンクをたどってください。

お客様のお引越しに最低価格のお見積もりをお約束いたします。

8. どのような種類のサービスが提供されていますか。
   (A) コンサルタント・サービス
   (B) キャリアアドバイス・サービス
   **(C) 国際引越しサービス**
   (D) 会社移転のサービス

9. 客はサービスの費用をどのようにして知ることができますか。
   (A)「ホーム」をクリックすることで
   (B)「当社のサービス」をクリックすることで
   (C)「アクセス」をクリックすることで
   **(D)「連絡先」をクリックすることで**

10. 第2パラグラフ1行目の「quote」という単語に最も意味が近いのは
    (A) 忠告
    (B) 詩
    (C) ことわざ
    **(D) 見積もり**

### ボキャブラリー

- **relocation** 名 引っ越し；移転
- **move** 名 引っ越し
- **related to** ～に関係する
- **reassured** 形 安心した
- **precious** 形 貴重な
- **obtain** 他 入手する
- **pack** 他 梱包する
- **estimate** 名 見積もり
- **be committed to** ～に尽力している
- **handle** 他 取り扱う
- **furnishings** 名 家具
- **damage** 名 損害
- **domestically** 副 国内で
- **quote (= quotation)** 名 見積もり
- **guarantee** 他 保証する

TEST 1

# Questions 11-13

**11.** 正解 **(D)** ✓ 文書の目的 ☆☆

解説 メモの本文冒頭に Here is the updated schedule for the sales seminar（営業セミナーの最新スケジュールをお知らせします）とある。updated を changed に言い換えて「社員に変更したスケジュールを伝える」としている (D) が正解。

**12.** 正解 **(B)** ✓ 個別情報 ☆

解説 Please read it carefully and initial it after reading. から、社員は読んだ後で「イニシャルのサインをする（initial）」ことが求められる。したがって、(B) が正解である。

**13.** 正解 **(C)** ✓ 分散情報 ☆

解説 スケジュールをチェックすると、1:00 – 2:00 p.m. に New sales techniques というテーマがある。これを「出席者は新しい販売方法について学ぶ」と言い換えた (C) が正解である。3:30 – 4:00 p.m. – Conclusion よりセミナーが終わるのは4時なので、(A) は誤り。

訳 設問 11 ～ 13 は次のメモに関するものです。

宛先：全営業部員
差出人：人事部

件名：営業セミナーの日程

みなさま
(11) 11月12日にベストイースタン・ホテルで開催される営業セミナーの最新スケジュールをお知らせします。(12) 注意して読んで、読み終わったらイニシャルでサインをしてください。

11月12日のスケジュール
  午前9時～10時 – 営業部員の紹介
  午前10時～10時15分 – 昨年度の営業成績の概要
  午前10時15分～11時 – 営業部長ジョン・キャバノーによるプレゼン
  午前11時～正午 – 近日発売になる製品についての説明
  正午～午後1時 – 昼食
(13) 午後1時 ～2時 – 新しい販売テクニック
  午後2時～3時30分 – 次回イベントの戦略
  午後3時30分～4時 – まとめ

トッド
人事部

**11.** このメモの目的は何ですか。
　　(A) 新しい営業部員を紹介すること
　　(B) 決まっている予定について社員に確認すること
　　(C) 社員にプレゼンについて知らせること
　　**(D) 社員に変更したスケジュールを伝えること**

**12.** メモを読んだあと、社員は何をしなければなりませんか。
　　(A) フルネームでサインする
　　**(B) イニシャルでサインする**
　　(C) 営業部長に提出する
　　(D) 出席するかどうかを知らせる

**13.** スケジュールについて何が正しいですか。
　　(A) セミナーは5時に終わる。
　　(B) 出席者は新しいイベントに参加する。
　　**(C) 出席者は新しい販売方法について学ぶ。**
　　(D) プレゼンは社長が行う。

**ボキャブラリー**

- **human resources** 人事部
- **updated** 形 更新された
- **overview** 名 概要
- **strategy** 名 戦略
- **HR Department** 人事部
- **indicate** 他 示す
- **agenda** 名 議題；スケジュール
- **initial** 他 イニシャルでサインする
- **upcoming** 形 近々起こる
- **conclusion** 名 結び；結論
- **signature** 名 署名

## Word Capsule 1　オフィス

- **front desk** 受付　＊receptionist（受付係）
- **janitor** 名 用務員
- **clerk** 名 事務員
- **administrative** 形 事務の
- **office supplies** 事務用品
- **cafeteria** 名 社員食堂
- **employee lounge** 休憩室；社員ラウンジ
- **stationery** 名 文房具；便せん
- **supervisor** 名 管理職；上司
- **subordinate** 名 部下
- **colleague** 名 同僚
- **commute** 自 通勤する　名 通勤
- **assignment** 名 業務
- **routine** 名 決まった仕事　＊chore（雑務）
- **extension** 名 内線

# Questions 14-16

**14.** 正解 **(D)** ✓個別情報 ☆

解説 We have found 15 properties that meet your budget needs. より、「予算に合った15の物件」を見つけたことがわかる。meet your budget needs を can afford（支払いができる）と言い換えて表現した (D) が正解である。「地域」と「広さ」は要件を満たさないものも含まれるので、(B) と (C) は不適。(A) は記述がない。

**15.** 正解 **(A)** ✓個別情報 ☆

解説 Bess が Tom に依頼しているのは so please have a look and let me know if any appeal to you so that we may schedule a visit with the landlord. のところ。「気に入った物件を教えてくれれば、家主と訪問の予定を調整する」ということなので、「リストにある物件で気に入ったものがあれば彼女に知らせる」とする (A) が正解となる。

**16.** 正解 **(A)** ✓NOT 設問 ☆☆

解説 (B)「決まった予算」は your budget needs に、(C)「希望の地域」は your preferred area に、(D)「ある程度の広さ」は your space requirements にそれぞれ対応する。(A)「広い庭」だけが記述がないので、これが正解である。

> 訳　設問 14 〜 16 は次のメールに関するものです。

送信者：bess@realhome2.net
宛先：tomj@ernster.net

件名：レンタル可能な物件

トム様

当代理店で借家をお探しになりたいとのこと、まことにありがとうございます。⁽¹⁴⁾⁽¹⁶⁾お客様の予算に合う15の物件を見つけました。しかし、⁽¹⁶⁾ご希望の地域外のものや、⁽¹⁶⁾広さの要件を満たしていないものも含まれています。当社で選んだ物件のリストをこのメールに添付いたしますので、⁽¹⁵⁾ご覧の上、気に入った物件があればお知らせください。家主さんと会うスケジュールを設定します。あるいは、月曜から土曜日の午前10時から午後7時の間に当社オフィスにおいでくだされば、当社で用意できる物件をご紹介いたします。
何かご質問があれば、ご遠慮なくお電話ください。

よろしくお願い申し上げます。
ベス・リビングストン

**14.** ベスはトムのために何を見つけましたか。
(A) 彼が訪問できる15の物件
(B) 彼が希望する地域にある15の物件
(C) 彼の広さの要件を満たす15の物件
**(D) 彼の予算に合う15の物件**

**15.** ベスはトムに何をしてほしいですか。
**(A) リストにある物件で気に入ったものがあれば彼女に知らせる**
(B) 彼自身が家主に会う予定を組む
(C) 彼女の会社に来て彼女に会う
(D) いつ彼が家主を訪問できるかを彼女に知らせる

**16.** 物件の要件として挙がっていないものは何ですか。
**(A) 広い庭**
(B) 決まった予算
(C) 希望の地域
(D) ある程度の広さ

### ボキャブラリー
- **rental** 名 賃貸物件
- **property** 名 物件
- **be located in** 〜に立地している
- **requirement** 名 要件
- **alternatively** 副 その代わりに
- **afford** 他 〜を買う余裕がある
- **amount** 名 量
- **agency** 名 代理店
- **budget** 名 予算
- **preferred** 形 好みの
- **landlord** 名 家主；大家
- **don't hesitate to** 遠慮なく〜する
- **yard** 名 庭

## Questions 17-19

**17.** 正解 **(A)** ✓個別情報 ☆

解説 Tickets 〜 and will include a meet-and-greet with the celebrities and a five-course lunch. の文に注目。「celebrities（有名人）に会って、挨拶できること」「5コースの昼食」が含まれているものなので、(A)「有名な人々に会う機会」が正解。celebrities → famous people と言い換えられている。(B) は dinner が間違い。あいさつできるのは professional tennis players とは書かれていないので、(C) も不適。

**18.** 正解 **(B)** ✓個別情報 ☆

解説 DynaMit has also announced that it will donate a portion of its first quarter profits to help build shelters for the storm victims. から、DynaMit は「第1四半期の利益の一部を寄付する」ということなので、(B) が正解。

**19.** 正解 **(C)** ✓個別情報 ☆☆

解説 前問で引いた help build shelters for the storm victims（暴風被害者の避難所建設に役立てるため）から、「暴風で被害を受けた人々に住居を提供するため」とする (C) が正解である。shelters が a place to stay に言い換えられている。

訳 設問 17 〜 19 は次の記者発表に関するものです。

### ダイナミット社がチャリティのテニスイベントを主催

ロサンゼルス——3月17日、ダイナミット社は有名人によるテニスの試合を開催し、先の暴風雨で被害にあった人々への寄付を募る。イベントのチケットは1人350ドルから1000ドルで、<sup>(17)</sup>参加有名人との握手会や5品の昼食が含まれている。参加希望者は事前に www.dynamitevent.com からオンラインで、または近くのチケット取扱店でチケットを購入できる。<sup>(18)(19)</sup>ダイナミットはまた、暴風雨の被害者のための住居建設に役立てるため、第1四半期の利益の一部を寄付する予定であると発表した。イベントとダイナミット社の慈善プログラムについての詳細は、広報担当のサラ・ヘインズ haynes@dynamit.com まで問い合わせてください。

**17.** このテニスの試合には何が含まれていますか。
   **(A) 有名な人々に会う機会**
   (B) 5品の夕食
   (C) プロのテニス選手にあいさつする機会
   (D) 無料のテニスの試合

**18.** ダイナミットは何をする予定ですか。
   (A) 初年度の全利益を寄付する
   **(B) 第1四半期の利益の一部を寄付する**
   (C) 初年度の利益の一部を寄付する
   (D) 第1四半期の全利益を寄付する

**19.** 寄付は何のためですか。
   (A) 暴風雨で被害を受けた人々に向けた慈善の催しを開くため
   (B) 暴風雨で被害を受けた人々に食料を提供するため
   **(C) 暴風雨で被害を受けた人々に住居を提供するため**
   (D) 暴風雨で被害を受けた人々に仕事を提供するため

> ボキャブラリー

- □ **charity** 名 慈善（事業）
- □ **raise** 他 （お金を）募る
- □ **range from A to B** AからBに及ぶ
- □ **in advance** 事前に
- □ **portion** 名 部分
- □ **victim** 名 犠牲者
- □ **celebrity** 名 有名人
- □ **affect** 他 影響を与える
- □ **participant** 名 参加者
- □ **donate** 他 寄付する
- □ **shelter** 名 住居；避難所

## Questions 20-23

**20.** 正解 **(B)** ✓ 文書のテーマ ☆

解説 冒頭に From May 13 to May 21 Carlson Street will be closed for traffic to allow for necessary repairs to the road. と書かれている。道路の repairs（補修）についての告知である。repairs を restoration と言い換えた (B) が正解。なお、(A) の inspection は「検査；点検」の意味で、内容に合わない。

**21.** 正解 **(C)** ✓ 個別情報 ☆☆

解説 住民へのアドバイスは Residents are strongly advised to park their vehicles on Main or Thurston Streets as there will be no access to their homes by car. と Alternatively you may want to consider leaving your cars in the garage and using public transportation. で、「メイン通りかサーストン通りに駐車する」か「自宅ガレージに車を置いて、公共交通機関を利用する」かである。メイン通りとサーストン通りは、補修工事に入るカールソン通りの代わりと考えられるので、「他の通りに駐車する」とする (C) が正解となる。

**22.** 正解 **(D)** ✓ 単語問題 ☆☆

解説 ensure は We are taking great care to ensure your safety. で使われている。「我々はみなさまの安全を～のに十分に留意する」という文脈から推測することも可能である。ensure は「保証する」という意味で、選択肢の中では (D) secure（確保する）が一番近い。目的語が safety なので、(A) lock や (C) promise は無理である。

**23.** 正解 **(A)** ✓ 推測問題 ☆☆

解説 この告知の書き手、つまり we がだれなのかを探る記述が 2 カ所ある。so we will be conducting these repairs at the request of the city hall. から、「市役所の依頼を受けて修理を実施する」立場なので市役所の関係者ではない。(C)「市長」と (D)「市役所の職員」を除外できる。次に、For questions or any other comments regarding the repairs, please phone the roads and services department at 1-800-555-0382. から、質問やコメントは「道路・サービス部」に送ることになっている。まとめると、市役所から依頼を受けた「会社・団体の部門」が告知の書き手ということ。(A)「会社の部門」が正解となる。「地域の警察」が補修工事をするとは思えないので、(B) は不適。

訳 設問 20 ～ 23 は次のお知らせに関するものです。

### お知らせ

(20) 5月13日から5月21日の間、カールソン通りは必要な道路補修を行うため通行止めとなります。路面には大きなひび割れがあり、そこで発生する多くの事故の原因となっています。(23) そ

28

のため市役所からの依頼を受け、この補修を行います。⁽²¹⁾住民のみなさまは、車でご自宅へ入れなくなるため、メイン通りかサーストン通りに駐車するようお願いします。あるいは、車をご自宅のガレージに置き、公共交通機関を利用することをお考えください。みなさまの安全を⁽²²⁾確保することには十分に留意いたします。ご不便をおかけすることをお詫びいたします。
⁽²³⁾補修工事についての質問やその他のご意見があれば、道路・サービス部（電話番号1-800-555-0382）までお電話ください。月曜から土曜の午前9時から午後5時までの対応となります。

**20.** このお知らせの主題は何ですか。
　　(A) 検査のための道路の封鎖
　　**(B) 修復工事のための道路の封鎖**
　　(C) 駐車を許可するための道路の封鎖
　　(D) 拡幅するための道路の封鎖

**21.** 住民は何をするよう求められていますか。
　　(A) 道路の脇にとどまる
　　(B) 各自の家の前に駐車する
　　**(C) 他の通りに駐車する**
　　(D) 屋内にとどまる

**22.** 10行目の「ensure」という単語に最も意味が近いものは
　　(A) 鍵をかける
　　(B) 登録する
　　(C) 約束する
　　**(D) 確保する**

**23.** このお知らせは誰が書いたと思われますか。
　　**(A) 会社の部門**
　　(B) 地域の警察
　　(C) 市長
　　(D) 市役所の職員

**ボキャブラリー**
☐ **repairs** 名 補修
☐ **occur** 自 発生する
☐ **city hall** 市役所
☐ **vehicle** 名 車両
☐ **public transportation** 公共交通機関
☐ **ensure** 他 保証する
☐ **inspection** 名 検査；点検
☐ **stay indoors** 屋内にとどまる
☐ **secure** 他 確保する
☐ **mayor** 名 市長

☐ **crack** 名 ひび割れ
☐ **conduct** 他 実施する
☐ **resident** 名 住民
☐ **alternatively** 副 その代わりに
☐ **inconvenience** 名 不便
☐ **restoration** 名 修復
☐ **register** 他 登録する
☐ **division** 名 部門
☐ **official** 名 職員

## Questions 24-28

**24.** 正解 **(C)** ✓文書のテーマ ☆☆

解説 第1文の While sales in most retail industries drastically fell this quarter, the car industry in general saw an increase of 4.2% in sales of new vehicles. は「今四半期の自動車業界の販売状況」の概要を示している。パッセージ全体も、自動車業界の四半期実績の説明に終始する。したがって、「四半期の自動車販売」とする (C) が最適である。

**25.** 正解 **(D)** ✓分散情報 ☆☆☆

解説 設問は新車販売について聞いているが、選択肢にはすべて will が使われているので今後の状況を読みとる。新車販売の今後の予測については、第1パラグラフに Analysts say that this is a good sign to mark the beginning of the end of the suffering economy. と書かれている。「景気後退の終わりの始まりを示す好ましい兆候」ということなので、「それらは経済を再生させるだろう」とする (D) が正解となる。言い換えをしっかり見極めたい。

**26.** 正解 **(B)** ✓単語問題 ☆☆☆

解説 attribute の使われている文は The automakers attribute these record-breaking sales to their newest line of energy-efficient smart cars and their attractive computerized features. である。attribute A to B という構造になっていて、「A〈この記録的な販売数〉は B〈省エネタイプのスマートカーの最新シリーズとその魅力的なハイテク機能〉の功績による」という意味。選択肢の中で因果関係を示せるのは (B) credit である。credit A to B で「A を B の功績とする」。

**27.** 正解 **(D)** ✓個別情報 ☆

解説 Standard Motors については第3パラグラフにまとめられている。Standard Motors stood at the top with a 3% decrease in sales for the quarter, their biggest loss of the year. に着目。「四半期単位で業界最大の売り上げ減」で、「年間を通じて最大の減少」だったことが読み取れる。したがって、(D) が正解。

**28.** 正解 **(A)** ✓個別情報 ☆☆

解説 Victory Motors の記述は第4パラグラフにある。Sales of its once popular pick-up truck dropped after news of a recall for a brake pad defect. を参照。「ブレーキパッドの欠陥でリコールされるというニュース」が流れたことが、同社のピックアップトラックの売れ行き不振の原因である。「トラックのパーツに問題があった」とする (A) が正解である。

**訳** 設問 24 ～ 28 は次の記事に関するものです。

ワシントン——**(24)** 今四半期にほとんどの小売業で売り上げが激減している中、自動車産業は新車販売において全体として4.2パーセントの伸びを示した。**(25)** 専門家はこれを景気後退の終わりの始まりを示す好ましい兆候だと見ている。

3大自動車メーカーは今四半期だけで過去最高の300万台以上を販売した。自動車メーカーはこの記録的な販売台数 **(26)** を省エネタイプのスマートカーの最新シリーズとその魅力的なハイテク機能 **(26)** によるものと考えている。

とはいえ、同時にそのほかの2社の自動車メーカーは赤字に苦しんでいる。**(27)** 中でもスタンダード・モーターズは今四半期の販売の落ち込みが3パーセントと最も大きく、今年度最大の赤字となる。同社の広報担当者は、この赤字の原因は新車製造の減少にあると述べた。この減少は長く続いた労働組合のストライキによるものだが、これは先週になってようやく解決を見た。同社は高級車の新ラインで製造が始まることで回復を見込んでおり、このニュースに反応して同社の株価は上昇した。

一方、ビクトリー・モーターズは四半期の販売が2.3パーセント減少したまま依然として苦境にあり、次期四半期にも回復の兆しは見えていない。**(28)** 一時期人気のあったピックアップトラックはブレーキパッドの欠陥によるリコール報道のあと、販売が落ち込んだ。同社はこのラインを完全に止めるものと予測されている。ビクトリー・モーターズが復調するためには低価格車の新モデルの販売に頼るしかないと見られる。

**24.** この記事の主題は何ですか。
 (A) 新たな自動車メーカーが発売する高級車
 (B) 自動車メーカーの株価
 **(C) 四半期の自動車販売**
 (D) 3大自動車メーカーの深刻な赤字

**25.** 新車販売について何が示されていますか。
 (A) それらは自動車業界を苦しめるだろう。
 (B) それらは数年で上昇するだろう。
 (C) それらはすべての自動車メーカーについて減少するだろう。
 **(D) それらは経済を再生させるだろう。**

**26.** 第2パラグラフ6行目の「attribute」という単語に最も意味が近いのは
 (A) 許可する
 **(B) ～の功績とする**
 (C) 非難する
 (D) 選択する

**27.** スタンダード・モーターズに何が起こりましたか。
 (A) 販売数で第1位だった。
 (B) 売り上げが30パーセント減少した。
 (C) 利益が昨年より多かった。
 **(D) 年間で最大の減少だった。**

**28.** ビクトリー・モーターズのピックアップトラックの販売数が減少したのはなぜですか。
  **(A) トラックのパーツに問題があった。**
  (B) トラックはガソリンを大量に消費する。
  (C) トラックのデザインに人気がなかった。
  (D) トラックの製造に限界があった。

> ボキャブラリー

- retail　形 小売りの
- in general　全体として
- suffering　形 苦しむ；低迷する
- attribute A to B　AをBに帰する
- energy-efficient　形 燃費のいい
- feature　名 特徴
- settle　他 解決する
- line　名 製品ライン
- struggle　自 苦闘する
- improvement　名 改善
- defect　名 欠陥
- keep one's head above water　持ちこたえる
- credit A to B　AをBの功績とする
- earnings　名 利益
- drastically　副 劇的に
- vehicle　名 車両
- all-time　形 今までにない
- record-breaking　形 記録的な
- attractive　形 魅力的な
- union　名 労働組合
- get back on one's feet　回復する
- luxury　形 高級な
- foresee　他 予測する
- recall　名 リコール；回収
- discontinue　他 停止する
- accuse　他 責める

## Questions 29-33

**29.** 正解 **(C)** ✓ 文書の目的 ☆☆

解説 手紙の第2文のUnfortunately we don't have that model in stock at the present time. から「現在、在庫はない」。続く文で、back order（入荷待ち）か、order a different model（異なるモデルの注文）か、a full refund（全額返金）か、選択を求めている。したがって、(C)「今は彼の注文を受けられないことを彼に知らせるため」が正解である。

**30.** 正解 **(D)** ✓ 個別情報 ☆

解説 Edward Rose が注文したのは Model N power drill である。「電動ドリル」なので、A tool とする (D) が正解となる。(B) An appliance は「家電製品」で、冷蔵庫やテレビ、電子レンジなど。

**31.** 正解 **(B)** ✓ 個別情報 ☆

解説 後半にある Please で始まる文に注目。fill out the attached form（添付のフォームに記入する）、fax it to our customer service department（それを顧客サービス部にファクスする）ことを求めている。後者が (B) に合致する。

**32.** 正解 **(D)** ✓ クロスレファレンス ☆☆

解説 フォームを見ると、Model M Power Drill 〜 Order with $20 discount に X 印が付いている。手紙に Our Model M power drill is very similar to the model you ordered and has a few extra features, and we would be willing to lower the price to that of the Model N. とあるように、似通った Model M を Model N と同じ値段（＝20ドル引き）で購入するということである。したがって、(D)「違うモデルを注文する」が正解。

**33.** 正解 **(C)** ✓ 推測問題 ☆☆

解説 フォームの日付は3月10日で、この日に Rose は手紙の指示に従って、注文をし直したと考えられる。Rose はフォームの最後のコメント欄で「1週間以内に受け取り希望」と書いている。3月10日から1週間目は3月17日なので、選択肢でこの範囲内にあるのは (C) の3月16日である。

| 訳 | 設問 29 ～ 33 は次の手紙とフォームに関するものです。

[①手紙]
エドワード・ローズ
デレーン・ブールバード64番地
デトロイト、ミシガン州 52899

ローズ様

3月3日に当社の (30)モデルNパワードリルをご注文いただきありがとうございました。(29)申し訳ありませんが、ただいまこのモデルの在庫を切らしております。このモデルの入荷をお待ちいただくか、他のモデルをご注文いただくことになります。(32)モデルMはお客様がご注文になったモデルにとても近いパワードリルで、もう少し多くの機能がついています。また、お値段もモデルNの価格までお下げいたします。(29)もちろん、全額のご返金をお選びいただくこともできます。(31)添付した書類にご記入の上、ご希望の選択肢の横にx印をお付けください。ご都合のよろしいときに顧客サービス部 (808-952-0845) へファクスしていただければ、手続きを進めます。お名前と注文番号をお忘れなくご記入ください。

ジャニス・ライト
モーガン・マーケット

[②フォーム]
----------------------------------------------------------------------
お名前： エドワード・ローズ
日付： 3月10日 (33)
注文番号： 38992
モデルNパワードリル（在庫切れ）
　　入荷待ち 159ドル　　　　　　　　　　　　　　[　]
モデルMパワードリル（在庫あり）179ドル
　　20ドル引きで注文　　　　　　　　　　　　　　[ X ] (32)
返金　　　　　　　　　　　　　　　　　　　　　　[　]
コメント：
　　1週間以内に受け取り希望。(33)
----------------------------------------------------------------------

**29.** なぜライトさんはローズさんに手紙を書いたのですか。
   (A) 彼の注文が取り消しになったことを彼に知らせるため
   (B) 彼が注文した商品は販売終了になっていることを彼に知らせるため
   **(C) 今は彼の注文を受けられないことを彼に知らせるため**
   (D) 返金になることを彼に知らせるため

**30.** ローズさんは何を注文しましたか。
   (A) 家具
   (B) 家電製品
   (C) 自動車
   **(D) 道具**

**31.** ライトさんはローズさんに何をするよう頼んでいますか。
   (A) すぐ彼女に電話をする
   **(B) 彼女にフォームを送る**
   (C) 返金を申し出る
   (D) 彼の電話番号を彼女にファクスする

**32.** ローズさんは何をすることに決めましたか。
   (A) 返金してもらう
   (B) 追加の商品を注文する
   (C) 品物が入荷するのを待つ
   **(D) 違うモデルを注文する**

**33.** いつローズさんはこの会社に注文品を送ってもらいたいですか。
   (A) 3月3日
   (B) 3月9日
   **(C) 3月16日**
   (D) 3月20日

---

ボキャブラリー

☐ **unfortunately** 副 残念ながら
☐ **similar to** 〜に似通った
☐ **refund** 名 返金
☐ **proceed** 自 進む
☐ **appliance** 名 家電製品
☐ **back order** 入荷待ち；取り寄せ注文
☐ **extra** 形 追加の
☐ **option** 名 選択肢
☐ **fill out** 〜に記入する

## Questions 34-38

**34.** 正解 **(C)** ✅ 分散情報 ☆☆

解説 メールの冒頭の I just wanted to remind you about your duties for the upcoming community festival. から「コミュニティのお祭り」であることがわかる。community とは言い換えれば a local society のこと。「地域社会に関係する」とする (C) が正解である。また、イベントの期間については the weekend's activities とあるので、(D) は誤り。

**35.** 正解 **(B)** ✅ 個別情報 ☆☆

解説 メールの中で Mr. Olson が Mr. Wachstein に依頼していることはいくつかあるが、第2文後半の let us know if the set up can be ready in time.（設営が時間に間に合うよう準備できるかどうかお知らせください）が、(B)「設営が間に合うかどうかを知らせる」に合致する。(B) が正解。

**36.** 正解 **(C)** ✅ 個別情報 ☆☆

解説 Mr. Olson が要請していることの中で、As it is community property we ask that you make sure it is in good condition afterward.（コミュニティの土地ですので、使用後も良い状態を保てるように気をつけてください）が、(C)「終了後その場所がきれいで損傷がないようにする」に一致する。他の選択肢はメールの記述内容と違う。

**37.** 正解 **(B)** ✅ クロスレファレンス ☆☆

解説 メールで Mr. Olson は We would like you to begin setting up two hours before the events start として、「イベント開始の2時間前に設営を始めてほしい」としている。スケジュールを見ると、9:30 a.m. Opening からイベントの開始は「午前9時30分」。したがって、設営開始は「午前7時30分」ということになる。(B) が正解。

**38.** 正解 **(C)** ✅ クロスレファレンス ☆☆

解説 food voucher については、メールに There is added information on the schedule regarding food vouchers. Please note that the regular price for them is $10 each. とあり、「1枚10ドル」である。一方、スケジュールの後半の注意書きにも記述があり、You can buy more vouchers at a 50% reduction. と買い足すときは「50％オフ」となる。10ドルの50％オフは「5ドル」なので (C) が正解となる。

| 訳 | 設問 34 ～ 38 は次のメールとスケジュールに関するものです。

[①メール]
送信者：shaneo@refre.com
宛先：hansw@titaner.org
件名：今度のイベント

ワッチスタイン様

**(34)** 今度のコミュニティ祭でのあなたの役割について確認しておきたいと思います。後ろに週末のイベントのスケジュールがあるのでよく読み、**(35)** 設営が時間に間に合うよう準備できるかどうかお知らせください。どの日にも御社のスタッフひとりに常駐していただき、すべてが順調にいくように取り計らっていただくことが必要ですので、ご留意ください。**(37)** イベントが始まる2時間前に設営を始めていただきたいと思います。そして、解体には数日かけることができます。**(36)** その場所はコミュニティの土地ですので、使用後も良い状態を保てるように気をつけてください。**(38)** 食べものチケットについて、スケジュールに情報が追加されています。ちなみに一般価格はそれぞれ10ドルです。ご質問がありましたらお知らせください。

シェーン・オルソン

[②スケジュール]

---

| 午前9時30分 | 開会 **(37)** |
| 午前10時～10時45分 | マジックショー |
| 午前10時45分～11時30分 | 歌唱コンテスト |
| 午前11時30分～午後1時30分 | サーカス |
| 午後1時30分～2時45分 | チリ料理コンテスト |
| 午後2時45分～3時30分 | ニューブリード・バンド |
| 午後3時30分～4時15分 | ファッションショー |
| 午後4時15分～5時 | コメディーショー |
| 午後5時～7時 | マトリックス・バンド |
| 午後7時～8時 | アクロバット団 |
| 午後8時～9時 | ジャージー交響楽団 |

---

お祭りの間、たくさんの屋台が出て、さまざまな種類の飲食物を提供します。設営にかかわる人たちには飲食物と引き換えができる食べものチケットを8枚お渡しします。お祭りの日に情報ブースで受け取ってください。**(38)** チケットは半額で買い足すことができます。

**34.** イベントについてどんなことが示されていますか。
   (A) それはコミュニティのファッションショーである。
   (B) それは演劇の初日である。
   **(C) それは地域社会に関係する。**
   (D) それは1週間続く。

**35.** オルソンさんはワッチスタインさんに何をしてほしいですか。
   (A) スケジュールを確認する
   **(B) 設営が間に合うかどうかを知らせる**
   (C) スタッフを数人連れてくる
   (D) セットの解体を1日で行う

**36.** ワッチスタインさんが確実にしなければならないことは何ですか。
   (A) マジックショーが始まる前に設営する
   (B) お祭りが終わる2時間後にセットを解体する
   **(C) 終了後その場所がきれいで損傷がないようにする**
   (D) いつセットを解体するのか知らせるためにオルソンさんに連絡する

**37.** ワッチスタインさんは何時に設営を始めなければなりませんか。
   (A) 午前9時30分
   **(B) 午前7時30分**
   (C) 午前11時30分
   (D) 午前6時30分

**38.** ワッチスタインさんが食べものチケットを買う場合、いくら払いますか。
   (A) 20ドル
   (B) 10ドル
   **(C) 5ドル**
   (D) 2ドル50セント

> **ボキャブラリー**
> □ **upcoming** 形 近々予定されている
> □ **in time** 時間通りに
> □ **property** 名 敷地；不動産
> □ **regarding** 前 〜に関して
> □ **cook-off** 名 料理コンテスト
> □ **a diverse range of** 多様な種類の〜
> □ **redeemable** 形 引き替えできる
> □ **reduction** 名 削減；ディスカウント
> □ **undamaged** 形 損害がない
> □ **duty** 名 仕事
> □ **be in order** 順調である
> □ **afterward** 副 後で
> □ **voucher** 名 引換券；バウチャー
> □ **troupe** 名 （アクロバットなどの）一座
> □ **beverages** 名 飲み物
> □ **fair** 名 お祭り；バザー
> □ **proofread** 他 校正する

## Questions 39-43

**39.** 正解 **(B)** ✓ 分散情報 ☆☆

**解説** Submitted for approval by Chef Carlos から、シェフの Carlos はメニューを承認を求めるために提出していることがわかる。提出先はメールを書いている Marianne である。endorse を使って、「承認が必要である」としている (B) が正解。

**40.** 正解 **(D)** ✓ 個別情報 ☆

**解説** メニューの提案の最後に Please give me your ideas before May 12. とあり、Carlos は「5月12日までに」意見がほしいとしている。タイトルの Chez Louis Menu Specials for week of May 15-21 から、このスペシャルメニューは5月15日から使われるので、(D)「特別料理が始まる3日前に」が正解。

**41.** 正解 **(C)** ✓ 推測問題 ☆☆

**解説** メニューの冒頭にある Submitted for approval by Chef Carlos: に着目。Carlos は承認を求めてメニューを提出している。一方、メールで Marianne は食材の配送日に基づいてメニューの変更を指示している。また、オーブンについても決断している。Marianne が承認を与える側で、Carlos が受ける側なので、Marianne が Carlos の上司にあたると推測できる。選択肢では「レストランオーナーである」とする (C) しか適切なものはない。

**42.** 正解 **(A)** ✓ クロスレファレンス ☆☆☆

**解説** oven については、Carlos はメニューの下で、And I would also like to know if you've given more thought to the oven issue. として、「オーブンの問題についてさらにお考えいただいたかどうか知りたい」と書いている。これに対して、Marianne はメールの後半で、I'm having a new gas range 〜 installed in the kitchen on Sunday. This is to replace the current range that has electric burners. として、「新しいレンジに交換する」ことを伝えている。つまり、Carlos は「現在の oven を交換したいと考えている」と推測できるので、(A) Carlos would like it replaced. が正解となる。「壊れている」という記述はないので (B) は誤り。

**43.** 正解 **(B)** ✓ 個別情報 ☆☆

**解説** Marianne のメールにある I'd like to serve the lobster on Tuesday instead of Thursday. Let's serve the lamb chops on Thursday and the turkey on Saturday. を参照。木曜日には「ロブスターではなく、ラムチョップを出す」ということ。lamb chops を a meat dish に言い換えた (B) が正解である。

> **訳** 設問 39 〜 43 は次のメニューとメールに関するものです。

[①メニュー]
(39)(41) 承認を得るためにシェフのカルロスが提出

(40) シェ・ルイスのスペシャルメニュー。5月15−21日の週

月曜日 － ハーブ衣のラムチョップ
火曜日 － ローズマリー風味の詰め物をした七面鳥。クランベリー添え
水曜日 － プライムリブ。オランデーズ・ソースによる
木曜日 － 新鮮なメイン産ロブスター。トマトスープとともに
金曜日 － ローストチキン。ポテトグラタン添え
土曜日 － 新鮮なアトランティック・サーモン。ディルソース による
日曜日 － パスタ・カルボナーラ

(40) 5月12日までにご意見をください。(42) また、オーブンの問題についてさらにお考えいただいたかどうか知りたいと思います。よろしくお願いします。

[②メール]
宛先：carlos@chezlouis.com
送信者：marianne@chezlouis.com
件名：来週の特別料理

カルロスさん

(41) 来週のスペシャルメニューの予定を検討していましたが、いくつか変更したいと思います。鮮魚の配達が今は金曜日ではなく月曜日の朝なので、月曜日の料理を木曜日にしたほうがいいでしょう。(43) その点を考えるとロブスターは木曜日ではなく火曜日に出したいと思います。ラムチョップは木曜日に、七面鳥は土曜日にしましょう。
(42) オーブンについては、6つのバーナーが付いていて、標準幅およびベーカリー用の幅のあるオーブンを備えた新しいガスレンジを日曜日にキッチンに設置します。これは、電気バーナーを使う今のレンジの代わりとなるものです。これによって、あなたが料理の調理温度を制御しやすくなり、料理をより早く準備できるようになると確信します。
これで問題が解決して、あなたが同意できるものと思います。

よろしくどうぞ。
マリアンヌ

**39.** メニューについて何が示されていますか。
    (A) シーフードは含まれていない。
    **(B) 承認が必要である。**
    (C) 1カ月分のものである。
    (D) 月曜日の料理を扱っている。

**40.** カルロスはいつ返事が必要ですか。
   (A) 特別料理を試食したあとで
   (B) 特別料理が始まる前の晩に
   (C) 特別料理が始まる日に
   **(D) 特別料理が始まる3日前に**

**41.** マリアンヌはどんな職位でしょうか。
   (A) カルロスの部下である
   (B) 食品の販売業者である。
   **(C) レストランのオーナーである。**
   (D) ダイバーである。

**42.** 現在のオーブンについて何が示されていますか。
   **(A) カルロスはそれを交換したい。**
   (B) それは壊れている。
   (C) それは新品のガスレンジである。
   (D) カルロスは新しいものを支給した。

**43.** マリアンヌは木曜日に何をしたいのですか。
   (A) カルロスに会う
   **(B) 肉料理を出す**
   (C) 甲殻類の料理を出す
   (D) 魚介類の配達を受け取る

> ボキャブラリー

- □ **submit** 他 提出する
- □ **approval** 名 承認
- □ **herb-crusted** 形 ハーブの衣で包んだ
- □ **lamb chops** 子羊のチョップ（肉片）
- □ **turkey** 名 七面鳥
- □ **with rosemary stuffing** ローズマリーの詰め物をした
- □ **prime rib** プライムリブ　＊特製スパイスを塗った上質な骨付き牛肉をじっくり焼き上げたローストビーフ。
- □ **hollandaise sauce** オランデーズ・ソース　＊バターとレモン果汁を卵黄を使用して乳化し、塩と少量の黒コショウなどで風味付けしたもの。
- □ **gratin potatoes** ポテトグラタン
- □ **Carbonara** 名 カルボナーラ
- □ **issue** 名 問題
- □ **instead of** 〜ではなく
- □ **keep 〜 in mind** 〜を考慮する
- □ **regarding** 前 〜について
- □ **range** 名 レンジ；料理用コンロ機　＊オーブンも複数搭載するものがある。なお、日本語のレンジは oven の意で使われることが多い。
- □ **burner** 名 バーナー；火口部
- □ **install** 他 設置する
- □ **replace** 他 交換する
- □ **current** 形 現在の
- □ **electric** 形 電気の
- □ **endorse** 他 承認する
- □ **entire** 形 全部の
- □ **feature** 他 扱う；取り上げる
- □ **subordinate** 名 部下
- □ **distributor** 名 販売業者
- □ **brand-new** 形 新品の
- □ **issue** 他 支給する
- □ **shellfish** 名 甲殻類　＊エビ、カニなど。

## Questions 44-48

**44.** 正解 **(B)** ✓ 文書のテーマ ☆

解説 第1文の The SRF Foundation is pleased to announce this year's recipients of the Outstanding Researcher of the Year Award. から「今年度の年間最優秀研究者賞」の記事とわかる。続きを読むと、この賞の対象者は「space research（宇宙研究）に貢献した科学者」である。選択肢では、「科学者の貢献に対する賞」とする (B) が最適。

**45.** 正解 **(B)** ✓ 個別情報 ☆☆☆

解説 Dr. Mailler の業績については、記事の Through his extensive research, Dr. Mailler was able to come up with several new technologies that would save the space agency time and expense when conducting exploration missions. を参照。save the space agency time and expense から「時間や経費を削減する新しい技術を開発した」ことがわかる。expense に絞って「コストを削減する技術を開発した」とする (B) が正解となる。

**46.** 正解 **(D)** ✓ 文書の目的 ☆☆

解説 レターの第1パラグラフ第2文の I'm writing to you to fill you in on the details for the upcoming ceremony. より、レターの目的は「セレモニーの詳細を伝えること」。fill A in on B で「BをAに伝える」という表現。(D)「研究者に式典の詳細を知らせるため」が正解。第1文の We would once again like to congratulate you on being this year's recipient of our Outstanding Researcher of the Year Award. には again が使われていることから、受賞についてはすでに伝えられていたと推測できる。(C)「研究者に賞の受賞が決まったことを伝えるため」は誤りである。

**47.** 正解 **(A)** ✓ 個別情報 ☆☆

解説 レターの第1パラグラフの As you have probably read in the papers, the ceremony starts at 6:00 p.m. We would like you to come at 4:00 p.m. if possible for a rehearsal. に注目。「式典は6時だが、リハーサルがあるので4時に来てほしい」と求めている。(A) Come earlier が正解。なお、This should take about 30 minutes. からリハーサルの時間は30分間なので (D) は誤り。dinner のメニューの選択については述べられていないので、(B) も不適。

**48.** 正解 **(D)** ✓ 個別情報 ☆

解説 設問の dessert はレターの第3パラグラフに出てくる。While the dessert is being served, we would like to start with a lecture and if possible, a short Q&A session. You may have 60 minutes for this. から、「デザートの時間に、講義と短い質疑応答を合計で1時間する」ように依頼している。これを「講演をして、

質問に簡単に答える」と表現した (D) が正解。質疑応答だけで1時間にはならないので、(B) は誤り。

> **訳** 設問 44 〜 48 は次の記事とレターに関するものです。

**［①記事］**
**ワシントン発：**<sup>(44)</sup> SRF財団は今年度の年間最優秀研究者賞の受賞者を発表する。毎年、財団は宇宙研究に特筆すべき貢献をした科学者を選んでいる。今年の受賞者はマーシャル・メイラー博士で、彼の研究は今後の宇宙探検や調査を推進する新しい技術の開発につながるものだ。<sup>(45)</sup> 広範囲にわたる研究から、メイラー博士はいくつかの新しい技術を考案してきた。それらは宇宙探査ミッションの実行において、宇宙機関の時間と費用を削減することになるだろう。授賞式は8月29日午後6時からヒルポート・ホテルの大宴会場で行われる。メイラー博士は1万ドルを受け取り、1時間の講演を行う。

**［②レター］**
マーシャル・メイラー博士
ブラードストリート46番地
ハートフォード、コネティカット州46378

前略　メイラー博士

今年度の年間最優秀研究者賞を受賞されましたことについて重ねてお祝い申し上げます。<sup>(46)</sup> このたびの授賞式について詳しい内容をお知らせいたします。<sup>(47)</sup> 新聞でお読みになっているかと思いますが、式は午後6時に始まります。できればリハーサルのために午後4時にご来場いただけますでしょうか。リハーサルは30分くらいの予定です。その後は5時45分から会場に待機していただければ結構です。

招待客全員が席につくのに30分ほどかかりますが、その後、当財団の理事長が博士を10分程度で短くご紹介いたします。このタイミングで登壇していただき、賞を受け取っていただきます。ここで10分ほどの受賞スピーチをお願いします。

その後、お食事となります。<sup>(48)</sup> デザートが出されているうちに講演を始めていただき、できれば簡単な質疑応答もお願いいたします。これには60分を予定しております。

何かご質問がございましたら、お気軽に私まで（1-800-555-8376）お電話ください。

29日にお会いできるのを楽しみにしております。

草々
キャロル・バトラー
事務局長
SRF財団

**44.** この記事は何についてのものですか。
(A) 医学上の革新に対する授賞式
**(B) 科学者の貢献に対する賞**
(C) 式典への市民の招待
(D) 研究の紹介

**45.** メイラー博士は何をしましたか。
(A) 新しいハイテク宇宙船を開発した
**(B) コストを削減する技術を開発した**
(C) 新しい種類の宇宙計画を研究した
(D) 宇宙探査ミッションに行った

**46.** なぜ手紙が書かれたのですか。
(A) 研究者に賞を受け取りに来るよう依頼するため
(B) 研究者に賞を贈呈するため
(C) 研究者に受賞が決まったことを伝えるため
**(D) 研究者に式典の詳細を知らせるため**

**47.** メイラー博士はイベントに関して何をすべきですか。
**(A) 早めに来る**
(B) 食事を選ぶ
(C) 出席を確認する
(D) 練習を1時間する

**48.** デザートの間、バトラーさんはメイラー博士に何をしてほしいですか。
(A) 短い感謝のスピーチする
(B) 1時間の質疑応答を行う
(C) イベントの出席者に賞を与える
**(D) 講演をして、質問に簡単に答える**

### ボキャブラリー

- ☐ **foundation** 名 財団；基金
- ☐ **outstanding** 形 傑出した
- ☐ **contribution** 名 貢献
- ☐ **facilitate** 他 促進する
- ☐ **exploration** 名 調査
- ☐ **come up with** ～を考案する
- ☐ **mission** 名 任務；使命
- ☐ **acceptance speech** 受賞スピーチ
- ☐ **don't hesitate to ～** 遠慮なく～してください
- ☐ **breakthrough** 名 革新
- ☐ **spacecraft** 名 宇宙船
- ☐ **confirm** 他 確認する
- ☐ **attendee** 名 出席者
- ☐ **recipient** 名 受賞者
- ☐ **notable** 形 注目すべき
- ☐ **development** 名 開発
- ☐ **expedition** 名 探検
- ☐ **extensive** 形 広範囲の
- ☐ **conduct** 他 実行する
- ☐ **congratulate** 他 お祝いする
- ☐ **Q&A session** 質疑応答
- ☐ **invitation** 名 招待
- ☐ **cost-effective** 形 費用削減効果のある
- ☐ **attendance** 名 出席
- ☐ **briefly** 副 手短かに

# TEST 2
正解・解説

# Questions 1-2

**1.** 正解 **(D)** ✓ 文書の目的 ☆☆

解説 your cosmetics order より、販売しているのは「化粧品」だが、アンケート項目では、Convenience of website ordering、Website design、Overall online experience と、「オンライン」の項目が3つもある。(D) の「インターネット・ショッピングの経験」が最適。

**2.** 正解 **(B)** ✓ 個別情報 ☆☆

解説 製品の選択肢については、アンケート項目の Choices of products で Satisfactory（まずまず）にチェックされている。ここから、(A) と (D) は外せる。また、最後の Additional comments では I would like to see a bit more of a variety of products. と「製品の種類がもう少しほしい」と要望している。would を使って仮定法で「もっと多い方がいい」としている (B) が正解。

訳 設問1〜2は次のアンケート調査に関するものです。

### インターネット・アンケート
### グラムライト・ビューティ・プロダクツ

化粧品のご注文をいただきありがとうございます。今後のより良いサービスのために、少々お時間をいただきインターネットアンケートの記入をお願いいたします。

|  | たいへん良い | まずまず | 不満だ |
|---|---|---|---|
| (1)インターネット注文の便利さ | X | | |
| 価格 | | X | |
| 支払方法 | X | | |
| 製品の品揃え | | X | |
| (1)ウェブサイトのデザイン | | X | |
| (1)ウェブサイトの全体的な使い勝手 | | X | |

ご意見があればお書きください：
(2)もう少しいろいろな製品が見られるといい。

**1.** このアンケートは何のためのものですか。
   (A) 小売店
   (B) 化粧品の新しいシリーズ
   (C) 製品の満足度
   **(D) インターネット・ショッピングの経験**

**2.** この客は製品の品揃えについてどう感じていますか。
   (A) とても満足している
   **(B) もっと多いほうがいい。**
   (C) 多すぎる。
   (D) 満足していない

#### ボキャブラリー

- **survey** 名 調査；アンケート
- **take a moment** 少し時間を取る
- **convenience** 名 便利さ
- **retail shop** 小売店
- **cosmetics** 名 化粧品
- **fill out** ～に記入する
- **overall** 形 全体的な
- **a new line of** ～の新製品ライン

---

### Word Capsule 2　会社

- **headquarters** 名 本社
- **subsidiary** 名 子会社　＊ parent company（親会社）
- **affiliate** 名 関連会社　＊ = affiliate company
- **liaison office** 連絡事務所
- **corporation** 名 会社；株式会社　＊ company、firm、business も「会社」の意。
- **enterprise** 名 企業；事業
- **found** 他 設立する　＊ establish も同意。
- **board of directors** 取締役会　　**department** 名 部門
- **division** 名 部門　　**factory** 名 工場　＊ plant も同意。
- **laboratory** 名 研究所　＊ lab と略すことも。
- **organization** 名 組織　＊ organization chart（組織図）
- **job title** 肩書；職位　＊ title だけでも可。
- **be located [based] in** ～に所在する [本社を置く]

## Questions 3-4

**3.** 正解 **(C)** ✅分散情報 ☆

解説 第 3 項目にある *Vacation requests must be made three weeks in advance instead of two. を参照。休暇申請は「2週間前でなく3週間前に」変更になったことがわかる。これを「休暇の申請はさらに1週間前倒しでしなければならない」と言い換えている (C) が正解。

**4.** 正解 **(B)** ✅個別情報 ☆

解説 最後に Please sign this notice and pass it on. とあるので、「署名」をしなければならない。sign を Write their signatures と言い換えた (B) が正解。

訳 設問 3 〜 4 は次の告知に関するものです。

### お知らせ
### 会社規則の変更

社員の皆さんへ。休暇に関する規則を変更しますが、これは即時に実行されます。下記を読み、質問がある場合は上司と話し合ってください。

* 休暇の日数を14日から21日に増やした。
* 休暇願はメールで行うことができる。対面ではできない。
* 休暇願は2週間前ではなく3週間前に行わなければならない。 (3)
* 休暇日を翌年度に持ち越すことはできない。
* 休暇をとる社員は、時期が重ならないように他の社員と調整しなくてはならない。

(4) このお知らせにサインの上、回覧してください。

3. 休日の方針について何が正しいですか。
   (A) 休暇の日数は翌年に持ち越せる。
   (B) 旅行日程を提出した社員が休暇を取ることができる。
   **(C) 休暇の申請はさらに1週間前倒しでしなければならない。**
   (D) 許可を直属の上司に頼まなければならない。

4. お知らせを読んだ社員は何をしなければなりませんか。
   (A) 上司と話す
   **(B) 署名をする**
   (C) 情報をコピーする
   (D) 2週間前に要請する

**ボキャブラリー**

- [ ] **employee** 名 社員
- [ ] **immediately** 副 即座に
- [ ] **in person** 直接;対面で
- [ ] **coordinate** 他 調整する
- [ ] **prevent** 他 防ぐ
- [ ] **itinerary** 名 旅行日程
- [ ] **signature** 名 署名
- [ ] **effective** 形 有効な
- [ ] **supervisor** 名 上司;管理職
- [ ] **carry over** ～を持ち越す
- [ ] **colleague** 名 同僚
- [ ] **overlap** 名 重複
- [ ] **immediate supervisor** 直属の上司

## Word Capsule 3　企業業績

- [ ] **fiscal year** 営業年度
- [ ] **quarter** 名 四半期
- [ ] **post** 他 (損益を) 計上する;記録する
- [ ] **earnings** 名 (通例、複数) 利益　＊profits、gains も同意。
- [ ] **revenue** 名 収入
- [ ] **gross margins** 売上総利益
- [ ] **financial statements** 財務諸表
- [ ] **bottom line** 最終損益　＊損益計算書の最終行の数字。
- [ ] **break even** 損益分岐点に達する;収支が均衡する
- [ ] **turn around** 回復させる;回復する
- [ ] **budget** 名 予算
- [ ] **transaction** 名 取引
- [ ] **expenses** 名 経費
- [ ] **overhead costs** 間接費
- [ ] **audit** 他 (会計) 監査する

## Questions 5-7

**5.** 正解 **(D)** ✅ 個別情報 ☆☆

解説 設問の required の類似表現である asked が第 2 文の Each employee is asked to set up their computers accordingly. に使われている。この文の set up their computers accordingly を言い換えれば (D) Program their own computers になるので、これが正解。

**6.** 正解 **(A)** ✅ 個別情報 ☆☆

解説 the network のインストール後については、問題文では once（ひとたび〜すれば）という言葉で表現されている。Once the system is installed, we will send you the log-in information. に注目。インストール後は「各社員にログイン情報を送る」ということなので、これを「それに接続するために必要な情報を与える」と言い換えた (A) が正解となる。

**7.** 正解 **(B)** ✅ 個別情報 ☆☆

解説 設問の the employees in the west wing については、Those in the west wing are asked to move temporarily to the east wing in designated areas until the work is completed. とあり、作業が終わるまで「一時的に東棟の指定された区域に移動する」ことが求められている。これを「場所を変える」と言い換えた (B) が正解である。(C) は「指定された地域をつくる」という意味なので誤り。

訳 設問 5 〜 7 は次の回覧に関するものです。

### 回覧

宛先：全社員
差出人：マーティ・イネス
件名：新しいネットワーク

社員の皆さん

わが社はより高速のワイヤレス接続を可能にするため、社内に新しいネットワークを設置します。(5) それに応じ、社員各人はそれぞれのコンピュータを設定する必要があります。(6) システムの設置後、各人にログイン情報を送信します。このネットワークは来週の木曜日と金曜日に設置する予定ですので、通路をきれいにして作業員が楽に仕事ができるようにしてください。みなさんが協力してくださされば、それだけ早くシステムが整います。作業が終わるまで、(7) 西棟の人たちは東棟の指定された区域に一時的に移っていただきます。ご協力をよろしくお願いします。

マーティ

5. 社員は何をするように求められていますか。
   (A) 新しいネットワークを設置する
   (B) 作業員に教える
   (C) 1日の休みを取る
   **(D) 各自のコンピュータをプログラムする**

6. ネットワークの設置後、会社は何をしますか。
   **(A) それに接続するために必要な情報を与える**
   (B) すべてのログイン用データを変更する
   (C) システムの使用方法を社員に教える
   (D) システムエンジニアをもっと雇う

7. 西棟の社員は何をしなければなりませんか。
   (A) 机を片付ける
   **(B) 場所を変える**
   (C) 指定された地域をつくる
   (D) ログイン用データを送信する

### ボキャブラリー

- **install** 他 インストールする
- **accordingly** 副 それに応じて
- **cooperate** 自 協力する
- **instruct** 他 教える
- **complete** 他 完了する
- **location** 名 場所；位置
- **wireless connectivity** 無線接続
- **aisles** 名 通路
- **temporarily** 副 一時的に
- **designated** 形 指定された
- **take a day off** 休みを取る

## Word Capsule 4　経営・戦略

- **competitive edge** 競争力
- **merger** 名 合併　*merge（合併する）
- **synergy** 名 相乗効果；シナジー
- **expand** 他自 拡大する・させる
- **penetrate** 他 （市場に）浸透する
- **investor relations (IR)** 企業広報；インベスター・リレーションズ
- **IPO (initial public offering)** 名 新株上場；株式公開
- **disclosure** 名 情報開示
- **solvent** 形 健全経営の　*insolvent（支払い能力がない）
- **collapse / bankruptcy** 名 倒産
- **strategy** 名 戦略　*tactics（戦術）
- **takeover** 名 買収；経営権取得
- **alliance** 名 提携
- **diversify** 他 多角化する
- **collaboration** 名 協力；協業

TEST 2

# Questions 8-10

**8.** 正解 **(C)** ✓ 文書のテーマ ☆

解説 どの選択肢にも問題文の言葉が使われているので慎重に。ブログの著者は紹介しているプログラムを、a good software program for managing my home budget（家計を管理するための良いソフトウェア）、It was rather inexpensive（どちらかといえば安い）と表現している。「家計を管理する」「安価なプログラム」なので (C) が適切である。

**9.** 正解 **(A)** ✓ 個別情報 ☆☆

解説 ソフトについての最初の感想は第2文の後半にある。so I was skeptical about how good it was and almost passed it over. とある。「良いかどうか疑って、見過ごしてしまうところだった」ということ。skeptical を doubtful に、how good it was を its functions に言い換えた (A)「その機能を疑っていた」が正解となる。

**10.** 正解 **(B)** ✓ NOT 設問 ☆☆

解説 (A)「借金を支払うのにかかる期間の予測」は foresee how long it will take to pay down my debt に、(C)「インターフェースが使いやすい」は the interface was easy to navigate に、(D)「シンプルな表計算機能」は the spreadsheet function was simple to use にそれぞれ対応する。(B)「コンピュータの容量を少ししか使わない」だけが記述がないのでこれを選ぶ。

> 訳 設問 8〜10 は次のブログに関するものです。

(8)家計を管理するために何か良いソフトウェアがないかと探していたところ、イージー・バジェット・キーパーという新しいプログラムを見つけた。(8)どちらかといえば安い製品だったので、(9)それほど良いとは思えず、見過ごしてしまうところだった。しかし、ともかくも試してみることにした。ソフトウェアのインストールはすぐ簡単にできた。(10)インターフェースは操作しやすく、(10)表計算機能の使い方もシンプルだった。さらに、便利な債務削減スケジュール機能があり、(10)借り入れを返済するのにどのくらいかかるのかを予測することができる。今の景気では、出費の計画を立て、家計関連の費用を抑えることは大切だ。節約をしようという人にはこの製品を強く勧める。

**8.** ブログ記事の主題は何ですか。
　(A) 高価な予算作成ソフトウェア
　(B) 無料の予算作成ソフトウェア
　**(C) 安価な予算作成ソフトウェア**
　(D) 長く使われている予算作成ソフトウェア

**9.** 書き手はソフトウェアについて最初どのように思いましたか。
　**(A) その機能を疑っていた。**
　(B) それにとてもワクワクした。
　(C) 高価すぎると思った。
　(D) もっと多くの機能が必要だと思った。

**10.** ソフトウェアの機能として挙げられていないものは何ですか。
　(A) 借金返済にかかる期間を予測すること
　**(B) コンピュータの容量を少ししか使わないこと**
　(C) インターフェースが使いやすいこと
　(D) シンプルな表計算機能

### ボキャブラリー

- **home budget** 家計
- **inexpensive** 形 安価な
- **pass ~ over** ~を見過ごす
- **give ~ a try** ~を試す
- **interface** 名 インターフェース；操作方法
- **navigate** 自 操作する
- **handy** 形 便利な
- **foresee** 他 予測する
- **It pays to ~** ~することは有益だ
- **recommend** 他 推奨する
- **forecast** 他 予測する
- **come across** ~を見つける
- **be skeptical about** ~を疑う
- **somehow** 副 どういうわけか
- **effectively** 副 効果的に
- **spreadsheet function** 表計算機能
- **debt-reduction** 形 債務削減の
- **pay down** ~を返済する
- **expenses** 形 経費；出費
- **feature** 名 特徴

# Questions 11-13

### 11. 正解 (C) ◯ 文書の目的 ☆☆

**解説** 冒頭で「私がそちらを訪問する際に面談に応じてくださるとのこと、ありがとうございます」と面談の受諾に感謝して、後半で Please let me know at your earliest convenience if any of these times would be good for you. と相手に都合のいい時間を選んでくれるように依頼している。これがメールの主旨なので、「約束をとるため」とする (C) が正解。

### 12. 正解 (D) ◯ 個別情報 ☆☆

**解説** Sabina がしたいことは第 2 文に I'm looking forward to showing you what our company has to offer to your retail customers. と書かれている。「ジェフリーの小売客に提供できる品物を見てもらいたい」ということ。また、次の文に We have a wide range of items とあり、「豊富な品揃え」である。ここから、(D)「ジェフリーの客に向けたさまざまな製品を彼に見せるため」が正解となる。ジェフリーの製品を見るわけではないので (A) は誤り。

### 13. 正解 (B) ◯ 個別情報 ☆

**解説** Sabina の都合のいいスケジュールは「Monday: 11:00-2:00 p.m.」「Tuesday: 5:00-7:30 p.m.」「Thursday: 3:00-6:00 p.m.」「Friday: 5:00-8:00 p.m.」と 4 つ挙げられている。火曜日が 2 時間半であるほかは、すべて 3 時間となっている。また、メールの終わりのほうで I'd like at least two hours of your time, if possible. と書いている。(B) Two hours or longer（2 時間またはそれ以上）が正しい。

> **訳** 設問 11 ～ 13 は次のメールに関するものです。

送信先：ジェフリー・テッスラー <jtessler@soldeia.org>
送信元：サビーナ・ミラー <smiller@hyacinthe.net>
件名：私の予定

ジェフリー様

私がそちらを訪問する際に面談に応じてくださるとのこと、ありがとうございます。**(12)** 御社の小売客に提供できる当社の製品を紹介することを楽しみにしております。当社はさまざま製品を揃えておりますので、あなたのご要望に沿うものが数多くあると確信しています。私の滞在期間中の空いている時間帯をお知らせしますので、お会いいただける時間をお決めください。

**(13)** 月曜日：午前11時～午後2時
　火曜日：午後5時～7時30分
　木曜日：午後3時～6時
　金曜日：午後5時～8時

**(11)** 上記の中でご都合の良い時間がありましたら、なるべく早くお知らせください。よろしければ、

昼食か夕食をとりながらお話しできればと考えております。**(13)** また2時間はお時間をいただきたいと思っております。

ご返信をお待ち申し上げます。

よろしくお願いいたします。
サビーナ

**11.** なぜサビーナはジェフリーに連絡しているのですか。
　　(A) 彼女との旅行を計画するため
　　(B) 彼女の旅行日程表を検討するため
　　**(C) 約束をとるため**
　　(D) 数点の新製品について彼に知らせるため

**12.** サビーナは何をしたいですか。
　　(A) ジェフリーの新製品のシリーズを見る
　　(B) 彼女の製品を上手に売る方法を調べる
　　(C) ジェフリーが個人的に使う新しい製品を彼に見せる
　　**(D) ジェフリーの客に向けたさまざまな製品を彼に見せる**

**13.** サビーナがジェフリーに会いたいのはどのぐらいの時間ですか。
　　(A) 2時間以内
　　**(B) 2時間またはそれ以上**
　　(C) ジェフリーが希望するだけ
　　(D) 20分

> ボキャブラリー

□ **retail** 形 小売りの
□ **item** 名 商品
□ **opening** 名（予定の）空き
□ **at your earliest convenience** できるだけ早く
□ **go over** 〜を検討する
□ **a wide range of** 幅広い種類の〜
□ **suit** 他 〜に合う
□ **travel itinerary** 旅行日程

## Questions 14-16

**14.** 正解 **(D)** 単語問題 ☆☆

解説 scholarly は for research or other scholarly publications という文脈で使われている。research（研究）もヒントになるが、「学術的な」という意味である。(D) academic が正解。他の選択肢は、(A) dependable（信頼できる）、(B) accurate（正確な）、(C) reliable（頼りになる）。

**15.** 正解 **(C)** NOT 設問 ☆☆

解説 (A)「著作を個人的な複写物として保存する」は archive it as your personal property に、(B)「他の著作で自分の著作の一部分を引用する」は use portions of the work to be quoted in other works に、(D)「著作の著者として認知される」は be clearly identified as the author of the work にそれぞれ対応する。ウェブサイトでの使用については、You also retain the right to post your work on your own personal, non-commercial website とあり、non-commercial（商用でない）が条件。(C)「個人的なウェブサイトで自分の著作を売る」はこの記述と異なるので、これが正解となる。

**16.** 正解 **(B)** 推測問題 ☆☆☆

解説 最後の Please report any violations to the administrative office in order to obtain legal help. に着目。「(著作権の)違反があれば、事務局まで報告する」ようにアドバイスされている。つまり、a publisher who doesn't follow the rules（規則に従わない出版社）があったらそれを報告することになるので (B) が正しい。(A) のように Follow the rules of the administrative office（事務局の規則に従う）という記述は問題文中にはない。

訳 設問 14 ～ 16 は次の情報に関するものです。

### 学生の研究論文の著作権に関するお知らせ

研究論文を発表する学生は、自身の権利と関連する著作権法について意識してください。論文が出版社に買われた場合でも、著作者はその論文を研究やその他の **(14)** 学術刊行物に使用する権利、およびその他の論文に **(15)** その論文の一部を引用して使用する権利を有していることを覚えておいてください。また、**(15)** 論文の著者として常に特定され、**(15)** 著者の個人的財産としてその論文を保管する権利も有しています。第1稿や草稿の著作権も所有しているので留意してください。論文を著者の個人的かつ非商業的なウェブサイトに掲載したり、非営利のプレゼンテーションや講演に利用したりする権利も持っています。**(16)** 法的援助が必要な場合は、事務局まで違反行為についてご連絡ください。

**14.** 4行目の「scholarly」という単語に最も意味が近いものは
   (A) 信頼できる
   (B) 正確な
   (C) 頼りになる
   **(D) 学術的な**

**15.** 学生の権利として挙げられていないことは何ですか。
   (A) 著作を個人的な複写物として保存すること
   (B) 他の著作で自分の著作の一部分を引用すること
   **(C) 個人的なウェブサイトで自分の著作を売ること**
   (D) 著作の著者として認知されること

**16.** 学生は何をするように忠告されていますか。
   (A) 事務局の規則に従う
   **(B) 規則に従わない出版社を報告する**
   (C) 一度は事務局を訪問する
   (D) 法的な報告書を書いて提出する

### ボキャブラリー
- **student paper** 学生の研究論文
- **be aware of** ～に注意する
- **purchase** 他 購入する
- **research** 名 研究
- **publication** 名 出版物
- **quote** 他 引用する
- **archive** 他 保管する
- **draft** 名 草稿
- **administrative office** 事務局
- **dependable** 形 信頼できる
- **reliable** 形 頼りになる
- **turn ～ in** ～を提出する
- **copyright** 著作権
- **involved** 形 関連する
- **publisher** 名 出版社
- **scholarly** 形 学術的な
- **portion** 名 部分
- **identify** 他 特定する；明確にする
- **property** 名 財産
- **violation** 名 違反
- **obtain** 他 獲得する
- **accurate** 形 正確な
- **acknowledge** 他 認知する

TEST 2

## Questions 17-19

**17.** 正解 **(B)** ✓個別情報 ☆☆

解説 第1文には The Mayor of Greenwood, John Fernham, will be giving the keys to the city to the Businessperson of the Year, Mary Shaw, on Saturday September 30. とあり、「市長は市の鍵を最優秀ビジネスパーソンのメアリー・ショーに授与する」ことがわかる。次の文は This will be taking place during a gala ceremony from 10:00 a.m. to 5:00 p.m. in front of the city hall. で、「市の鍵の授与はセレモニーの一部」である。ここから、市長は「セレモニーに参加する」としている (B) が最適である。

**18.** 正解 **(D)** ✓分散情報 ☆

解説 第1パラグラフの最後に She will make a 15-minute speech afterward. とある。前文より She は Mary Shaw で、彼女は「15分間のスピーチ」をする予定になっている。これを give an address と言い換えた (D) が正解。寄付は過去にしたことなので、未来形の (B) は誤り。

**19.** 正解 **(C)** ✓個別情報 ☆☆

解説 Ms. Shaw の受賞理由は第2パラグラフの最後に Ms. Shaw is being honored this year for her company's donation toward the effort to restore the city's parks. と書かれている。「市の公園を修復する事業に寄付をした」のである。donation を gave money に、restore the city's parks を fix up the facilities にそれぞれ言い換えた (C) が正しい。

> 訳 設問17～19は次の記者発表に関するものです。

9月10日
**即日に発表**

(17) 9月30日土曜日、グリーンウッド市長ジョン・ファーナムは、今年度の最優秀ビジネスパーソンに選ばれたメアリー・ショーに市の鍵を授与します。午前10時から午後5時まで市庁舎前で開催される祝賀会の中で行われる予定です。音楽や芸人の出し物や食べ物屋台も並ぶ予定で、市長は午後3時にショーさんに鍵を授与します。(18) 次いでショーさんが15分間のスピーチを行います。

この祝賀会はコミュニティに何らかの貢献をした傑出したビジネスパーソンをたたえる毎年の恒例行事の一部です。(19) 今年、ショーさんがたたえられるのは、市の公園を修復する事業に彼女の会社が寄付をしたことによるものです。

この催しは無料で一般に開放されます。

**17.** 市長は9月30日に何をしますか。
  (A) 新しい市長に彼の鍵を譲る
  **(B) セレモニーに参加する**
  (C) 就任式を統括する
  (D) 催しを開始する

**18.** メアリー・ショーについて何が示されていますか。
  (A) 彼女は催しを開く。
  (B) 彼女はお金を寄付する。
  (C) 彼女は市長に彼女の鍵を与える。
  **(D) 彼女はスピーチをする。**

**19.** ショーさんはどのようにして市に貢献しましたか。
  (A) 慈善の催しを開いた。
  (B) 市庁舎の修復を支援した。
  **(C) 施設の修繕に役立つお金を寄付した。**
  (D) 市長の選挙運動にお金を寄付した。

> ボキャブラリー

- □ **immediate** 形 即座の
- □ **the keys to the city** 市の鍵（米国では市への功労者に贈られる）
- □ **take place** 開催される
- □ **city hall** 市役所
- □ **afterward** 副 その後で
- □ **distinguished** 形 傑出した
- □ **restore** 他 改修する
- □ **officiate** 他 しきる
- □ **kick off** 〜を始める
- □ **give an address** スピーチをする
- □ **facilities** 名 施設
- □ **mayor** 名 市長
- □ **gala ceremony** 祝賀会
- □ **performer** 名 演奏者
- □ **honor** 他 たたえる
- □ **donation** 名 寄付
- □ **turn over** 〜を譲る
- □ **inauguration** 名 就任式
- □ **donate** 他 寄付をする
- □ **fix up** 〜を修復する
- □ **campaign** 名 選挙運動

## Questions 20-23

**20.** 正解 **(D)** ✅ 文書の目的 ☆

解説 レターの本文冒頭で We are delighted to inform you that you have been selected as a finalist for our annual Scientist of the Year award. として、「年間最優秀科学者賞の最終候補として選ばれた」ことを知らせている。これを be up for (〜の候補になって) を使って言い換えた (D) が最適である。

**21.** 正解 **(B)** ✅ 推測問題 ☆

解説 Dr. Turnbull については、Your ongoing research on cancer treatments using stem cells (あなたが進めている幹細胞を利用したがん治療の研究) より、選択肢では (B) の medical scientist (医学者) が最適である。

**22.** 正解 **(D)** ✅ 単語問題 ☆☆☆

解説 intrigued は Your ongoing research on cancer treatments using stem cells has intrigued us greatly で使われている。us が「年間最優秀科学者賞を決める立場の人たち」であることや、greatly (大いに) もヒントになるだろう。intrigued は「興味をそそらせた」という意味。選択肢はそれぞれ (A) hypnotized (うっとりさせた)、(B) immersed (浸した)、(C) consumed (消費した)、(D) fascinated (興味を引いた) なので (D) が最適。(A) の hypnotize は「催眠状態に陥れる」が原意なので、この文脈には合わない。

**23.** 正解 **(B)** ✅ 個別情報 ☆☆

解説 設問の urge の類似表現 encourage が So we are encouraging you to attend this ceremony whether you receive the top award or not. で使われている。Mr. Sather は Dr. Turnbull に「最優秀賞に選ばれない場合でも授賞式に出席する」よう促している。その理由は前文にあるように「最優秀賞に選ばれなかった最終候補者にも全員に Honorable Mentions (特別賞) が授与される」からである。「どのような場合でも授賞式に出席する」としている (B) が正解。

|訳| 設問 20 〜 23 は次のレターに関するものです。

9月24日

ブラッドリー・ターンブル博士
ロンドン H5 7FG
イギリス

拝啓　ターンブル様

**(20)** たいへん喜ばしいことに、あなたは私共が主催する年間最優秀科学者賞の最終候補として選ばれましたので、ここにお知らせいたします。この賞は毎年、その仕事によって人類に最も貢献したと思われる研究者に授与されています。**(21)** あなたが進めている幹細胞を利用したがん治療の研究は大いに私たちの **(22)** 関心を引き、あなたが選ばれることになりました。受賞者は10月30日に発表され、授賞式は11月5日に開催されます。

最優秀賞に選ばれなかった最終候補者にも全員に特別賞が授与されます。**(23)** ですから最優秀賞に選ばれない場合でも、ぜひともこの授賞式にご出席ください。授賞式は午後6時よりウエストヘイブン・ホテルの宴会場で開催されます。6品のコース料理をご用意いたします。正装でおいでください。

このたびはおめでとうございます。会場でお会いしましょう。

敬具
ウイリアム・セイザー
編集長
サイエンストゥデー・マガジン

**20.** なぜセイザーさんはターンブルさんに手紙を出しているのですか。
　　(A) 彼に年間最優秀科学者賞を与えるため
　　(B) 年間最優秀科学者賞の対象となる彼の研究についてたずねるため
　　(C) 年間最優秀科学者賞の受賞者を発表するため
　　**(D) 彼が年間最優秀科学者賞の候補になっていることを知らせるため**

**21.** ターンブル博士について何が示されていますか。
　　(A) 彼は内科医である。
　　**(B) 彼は医学者である。**
　　(C) 彼は賞の受賞者である。
　　(D) 彼は宇宙の研究者である。

**22.** 第1パラグラフ6行目の「intrigued」という単語に最も意味の近いものは
　　(A) うっとりさせた
　　(B) 浸した
　　(C) 消費した
　　**(D) 興味を引いた**

TEST 2

61

**23.** セイザーさんはターンブル博士にどうすることを勧めていますか。
(A) 受賞した場合だけ授賞式に出席する
**(B) どのような場合でも授賞式に出席する**
(C) ショーに参加する
(D) 受賞スピーチを行う

**ボキャブラリー**

- **delighted** 形 喜ばしい
- **annual** 形 年間の
- **give out** ～を授与する
- **humanity** 名 人類
- **cancer treatments** がん治療
- **intrigue** 他 興味をそそらせる
- **Honorable Mention** 特別賞；選外佳作
- **banquet room** 宴会室
- **be up for** ～の候補になって
- **hypnotize** 他 うっとりさせる
- **consume** 他 消費する
- **acceptance speech** 受賞スピーチ
- **finalist** 名 最終候補者
- **award** 名 賞
- **contribute to** ～に貢献する
- **ongoing** 形 進行中の
- **stem cells** 幹細胞
- **Congratulations** 間 おめでとう
- **physician** 名 内科医
- **immerse** 他 浸す
- **fascinate** 他 興味を引く

## Questions 24-28

**24.** 正解 **(D)** ✓文書のテーマ ☆☆☆

解説 タイトルが Being more assertive（もっと積極的になること）で、パッセージはこのテーマに沿って展開されている。第1パラグラフで話題の紹介をした後、第2パラグラフ：「積極的であることと攻撃的であることの違い」、第3パラグラフ：「積極的であることの反対が消極的であること」、第4パラグラフ：「積極的になるための訓練」という流れ。したがって、テーマとしては assertive を confident and decisive に言い換えて「自信を持ち決然としていること」と表現する (D) が最適である。(B) は、ask for favors が「お願いをする」という意味で、「職場で願い事をする方法」となり、この文章とは関係がない。

**25.** 正解 **(C)** ✓個別情報 ☆☆

解説 「積極的であることと攻撃的であることの違い」は第2パラグラフに書かれている。And the one thing that makes them so different is respect. とあるように、両者を区別するのは respect（尊敬の念）である。(C) が正解。

**26.** 正解 **(B)** ✓分散情報 ☆☆

解説 第3パラグラフの最後に I used to be a very passive person and I usually got nowhere. と書かれている。著者は「かつては非常に消極的な人だった」わけである。つまり、「assertive でなかった」ので (B) が正しい。

**27.** 正解 **(C)** ✓個別情報 ☆☆☆

解説 「積極的になるための訓練」は第4パラグラフを見る。冒頭に In order to practice assertiveness, you need to first take a look at what you think about yourself. とあり、最初にすべきことは「あなたが自分自身をどう思っているかを考えてみる」ことである。これを「自分自身の性格を評価する」と言い換えた (C) が正解となる。

**28.** 正解 **(A)** ✓個別情報 ☆

解説 設問の speak が使われているのは、第4パラグラフの最後の文。Gather your thoughts and make them positive before you speak. から、「自分の考えをまとめ、話し出す前に肯定的なものにする」ことが推奨されている。(A) Make thoughts positive が正解。

| 訳 | 設問 24 〜 28 は次のブログに関するものです。

# ティナのブログ

6月4日

**(24) もっと積極的になること**

(24) 今日は積極的であるためのテクニックについて語りたいと思います。私は、多くの人たちが実際には積極的に行動していないし、どうやってそうすればいいのか理解するための手助けを必要としていると感じています。

最初に、積極的であることと攻撃的であることの違いをはっきりさせましょう。それらはまったく違うものですから。(25) この2つが違うのは、尊敬の念という一点です。積極的な人たちは他人の意見や要求を尊重しますが、攻撃的な人たちはその尊敬の念が欠けています。積極的である場合には、望むものを手に入れようとするときも冷静で自制した態度になります。攻撃的になり乱暴に要求するのではありません。

同時に、積極的であることの反対に位置するのが、消極的であることです。攻撃的であることが他人への尊敬の念が欠けている一方、消極的であることは自分自身への尊敬の念が明らかに欠けています。積極的であれば、常に静かな威厳と自尊心が備わっています。また消極的であっては自分が望むものや自分に必要なものを手に入れることは決してできないでしょう。(26) 私はかつてとても消極的な人間でしたので、いつも何の成果も得られませんでした。

(27) 積極的になるための練習として、まずあなたが自分自身をどう思っているかを考えてみる必要があります。自分を否定的に見ていませんか。もしそうであれば、あなたには自分の意見を言う自信がまったくないでしょうし、他人と話すときに相手の目を見ることもできないでしょう。自信を失った状態や否定的な考えにとらわれるべきではありません。(28) 自分の考えをまとめ、話し出す前に肯定的なものにしましょう。

続きは明日のブログで話しましょう。

**24.** このブログの主題は何ですか。
- (A) 攻撃的な人たちの扱い方
- (B) 仕事場で願い事をする方法
- (C) 要求が多く厄介な人々
- **(D) 自信を持ち決然としていること**

**25.** 積極的なことと攻撃的なことの違いの1つは何ですか。
- (A) 勇気の量
- (B) 自分自身の意見
- **(C) 尊敬の念の量**
- (D) 自尊心

**26.** 著者についてどのようなことが言えますか。
- (A) 彼女はとても消極的な人だ。
- **(B) 彼女は積極的でなかった。**
- (C) 彼女は少し攻撃的だ。
- (D) 彼女は攻撃的だったが、今は消極的だ。

**27.** 著者によると、積極的であるための第一歩は何ですか。
- (A) 他人の目を見る練習をする
- (B) 自分の態度を改める
- **(C) 自分自身の性格を評価する**
- (D) 攻撃性を弱める

**28.** 著者は話す前に何をするように助言していますか。
- **(A) 考えを肯定的にする**
- (B) 真っすぐに立つ
- (C) 人の目を真っすぐに見る
- (D) 自信を持って話す練習をする

### ボキャブラリー

- □ **assertive** 形 積極的な
- □ **aggressiveness** 名 攻撃的であること
- □ **completely** 副 完全に
- □ **calm** 形 静かな
- □ **opposite** 名 反対
- □ **display** 他 示す
- □ **self-respect** 名 自尊心
- □ **practice** 他 訓練する
- □ **linger on** 〜にこだわる
- □ **ask for favors** 願い事をする
- □ **modify** 他 変更する
- □ **assess** 他 評価する
- □ **distinguish** 他 識別する
- □ **respect** 名 尊敬
- □ **self-control** 名 自己抑制
- □ **passiveness** 名 消極性
- □ **dignity** 名 威厳
- □ **get nowhere** 成果を得られない
- □ **definitely** 副 まったく
- □ **self-doubt** 名 自己疑念
- □ **tiresome** 形 厄介な
- □ **behavior** 名 態度
- □ **personality** 名 性格

# Questions 29-33

**29.** 正解 **(B)** ✓個別問題 ☆☆

解説 設問にある public は告知の The purpose of these workshops is to give the public a chance to provide input as to how the city's budget should be spent. に使われている。人々の役割は「市の予算がどのように使われるかについて意見を述べること」である。input を opinion に言い換えて「市の予算の使途について意見を言う」としている (B) が正解である。

**30.** 正解 **(C)** ✓単語問題 ☆

解説 expenditures は Possible budget expenditures range from ～に使われている。「費用」の意味で、知らなくても budget の直後にあることや文脈からも類推は可能。選択肢はそれぞれ (A) damages (損害)、(B) values (価値)、(C) costs (費用)、(D) savings (節約) なので、(C) が正解である。

**31.** 正解 **(D)** ✓個別情報 ☆

解説 メールの第1パラグラフの冒頭に I am interested in attending the budget workshops from May 20. However, I can only come to the first two meetings. とある。「最初の2日の会だけ参加したい」ということなので、(D) が正解。(B)「他の人の意見を聞く」や (C)「他の人を連れてくる」については記述がない。

**32.** 正解 **(A)** ✓個別情報 ☆☆

解説 メールの第2パラグラフを参照。～ who ultimately decides which budget measures go through? And will we get this information? から、Mr. Farnham は「予算案を最終的に誰が決めるか」を知りたいのである。go through は「(法案などが) 通過する；可決される」の意味。したがって、「誰が予算案の最終決定をするのか」とする (A) が正解となる。

**33.** 正解 **(B)** ✓クロスレファレンス ☆☆☆

解説 メールの第1パラグラフで Mr. Farnham は I have a few ideas on how the budget might be well spent for the benefit of the community that you have not listed. (市のためになる予算の有効な使い方について、すでに挙げられているほかにいくつかアイデアを持っています) と述べている。予算の使い方は告知のほうに Possible budget expenditures range from street, building and park improvements to events and attractions. と書かれている。(A) Road repairs と (C) Park renovations は street, building and park improvements に対応する。(D) City marathons は events の1つと考えられる。したがって、(B) Employment support (雇用の支援) が正解となる。

訳 設問29～33は次の告知とメールに関するものです。

[①告知]

## お知らせ

スプリングデール市は5月20日から27日の1週間、予算についての一連の検討会を開催します。場所は市役所の220A会議室で午後1時から毎日開催されます。<sup>(29)</sup> 検討会の目的は、市の予算がどのように使われるべきかについて市民の皆さんに意見をいただく機会を設けることにあります。<sup>(33)</sup> 想定される予算 <sup>(30)</sup> 支出 は道路、建物、公園の補修から行事、娯楽イベントにまで及びます。席数が限られていますので、検討会に参加希望の方は市役所事務局 workshop@sprindale.gov までメールを入れてご予約ください。参加人数と参加者のお名前を明記してください。参加者は全員、入場の際に身分証明書を提示していただきます。

[②メール]
送信先：workshop@springdale.gov
送信元：nfarnham@ferun.com
件名：予算の検討会

ご担当者様

<sup>(31)</sup> 5月20日から開催される予算検討会に参加したいと考えています。しかし、私が参加できるのは最初の2日の会だけです。それでもかまわないのでしょうか。あるいは全日程に参加しなければならないのでしょうか。<sup>(33)</sup> 市の利益になる予算の使い方について、すでに挙げられているほかにいくつかアイデアを持っています。それを述べたいと思います。

検討会への参加者はそれぞれの意見やアイデアを発表できるとしても、<sup>(32)</sup> 最終的に予算案を決めるのは誰ですか。それに関する情報はいただけるのですか。

返信をお待ちします。

よろしくお願いします。
ニール・ファーナム

**29.** 検討会における市民の役割はどのようなものですか。
   (A) 新しい建築計画のアイデアを出して手助けする
   **(B) 市の予算の使い方について意見を言う**
   (C) 誰が次期議会のメンバーになるかを決める
   (D) 市の予算を誰が管理するべきか意見を出す

**30.** お知らせの中で、5行目の「expenditures」という単語に最も意味が近いものは
   (A) 損害
   (B) 価値
   **(C) 費用**
   (D) 節約

**31.** ファーナムさんは何をしたいですか。
   (A) 検討会に1回だけ来る
   (B) 他の人の意見を聞く
   (C) 他の人を連れてくる
   **(D) 検討会に2日間参加する**

**32.** ファーナムさんは予算案について何を知りたいですか。
   **(A) 誰が予算案の最終決定をするか**
   (B) 市民がアイデアを出せるかどうか
   (C) 支払い担当者について誰が決めるのか
   (D) 市民が予算額を決められるかどうか

**33.** ファーナムさんはどんな意見を持っているでしょうか。
   (A) 道路の修理
   **(B) 雇用の支援**
   (C) 公園の修復
   (D) シティマラソン

### ボキャブラリー

- **a series of** 一連の〜
- **conduct** 他 実施する
- **expenditures** 名 支出額；費用
- **improvements** 名 改善
- **require** 他 必要とする
- **put 〜 forward** 〜を提出する
- **ultimately** 副 最終的に
- **council members** 議員；議会のメンバー
- **put forth** 〜を提案する
- **renovations** 名 改修
- **budget** 名 予算
- **input** 名 意見
- **range from A to B** AからBまで及ぶ
- **attractions** 名 呼び物；娯楽イベント
- **for the benefit of** 〜の利益のために
- **attendee** 名 出席者
- **repairs** 名 修理

## Questions 34-38

**34.** 正解 **(C)** ⊘ 文書の目的 ☆☆

解説 Subject に Carpet installation（カーペットの設置）とある。本文では「作業の日程」に続いて、There may be some inconvenience to all of you and some of you may be sensitive to noise and certain odors. として、カーペット設置に伴う inconvenience（不都合）について説明している。ここから、(C)「工事で不便が生じることを社員に知らせるために」が最適。Anyone who has allergies to adhesive materials 〜 is asked to contact the general manager to discuss the situation. から「アレルギー」の懸念があるので、(A)「社員にカーペットの設置が無害であることを知らせるために」は誤りである。

**35.** 正解 **(A)** ⊘ 分散情報 ☆☆

解説 Anyone who has allergies to adhesive materials の部分から「アレルギーを発症する」ことが心配されている。これを ill を使って「社員の何人かが病気になるかもしれない」と言い換えた (A) が正解である。なお、「騒音は最小限に抑えられる」とは書かれていないので、(C) は不適。

**36.** 正解 **(C)** ⊘ 単語問題 ☆☆☆

解説 deemed は We may arrange for you to work at the branch office or from home if deemed necessary. で使われている。deem は「みなす；考える」という意味。「もし必要と〜されたら」という文脈から推測できるかもしれない。選択肢は (A) caught（とらわれた）、(B) esteemed（尊敬された）、(C) considered（考えられた）、(D) experienced（経験された）なので、(C) が一番近い。

**37.** 正解 **(A)** ⊘ NOT 設問 ☆☆

解説 (B)「社員食堂が営業すること」は The cafeteria will be open as usual. に、(C)「管理職が誰を在宅勤務にするか決めること」は We may arrange for you to work at the branch office or from home if deemed necessary. に、(D)「カーペットの設置は騒音が出るかもしれないこと」は some of you may be sensitive to noise にそれぞれ対応する。(A)「社員食堂の営業時間」だけが記述がないので、これが正解となる。

**38.** 正解 **(B)** ⊘ 個別情報 ☆☆

解説 Lynn はメールで Could you please find out precisely what the substance is? There may be a chance that it is a non-allergenic type. として、「それ（接着剤）の成分を調べる」ことを依頼し、「接着剤が非アレルギー性のものかもしれない」と付け加えている。この2文の内容に合った (B)「接着剤がアレルギー反応を起こさないことを確認する」が正解である。

| 訳 | 設問34〜38は次の回覧とメールに関するものです。

[①回覧]
日付：6月8日
差出人：リチャード・クリスチャンセン
宛先：社員各位
件名：カーペットの設置

来週の火曜日からオフィス全域で新しいカーペットの設置が行われます。金曜日までの予定です。**(34)(37)** みなさんにはご不便をおかけすることになります。また騒音や特定の臭いが気になる方もいるでしょう。**(35)** 接着剤にアレルギーのある方やこの作業を迷惑に感じる方は、部長に連絡して状況を話し合ってください。**(37)** どうしても必要と **(36)** みなされる 場合には支店や自宅で勤務できるように調整します。**(37)** 社員食堂は通常通り営業します。
ご理解のほどよろしくお願いいたします。
リチャード

[②メール]
送信先：rballard@frod.org
送信元：llinton@frod.org
件名：カーペット設置についての心配

リチャードさん
お知らせしたいことがあります。私はあらゆる接着剤に強いアレルギーがあるため、カーペット設置のときに使用される接着剤のことが心配です。**(38)** 成分を正確にお調べいただけませんでしょうか。非アレルギー性のものかもしれません。そうでない場合、自宅での勤務をお願いしたいと思っています。支店は遠いため、通勤にとても時間がかかってしまいます。
ご返信ください。
よろしくお願いします。
リン

**34.** リチャード・クリスチャンセンはなぜ回覧を送ったのですか。
　　(A) 社員にカーペットの設置が無害であることを知らせるため
　　(B) カーペットを新しくすることを望むかどうか社員に聞くため
　　**(C) 工事で不便が生じることを社員に知らせるため**
　　(D) 新しいカーペットを敷くことについて投票してもらうため

**35.** メモについて何が示されていますか。
　　**(A) 社員の何人かが病気になるかもしれない。**
　　(B) 全社員が移動しなければならない。
　　(C) 騒音は最小限に抑えられるだろう。
　　(D) 社員食堂は閉まるかもしれない。

**36.** メモの8行目にある「deemed」という単語に最も意味の近いものは
(A) とらわれた
(B) 尊敬された
**(C) 考えられた**
(D) 経験された

**37.** 回覧で述べられていないこと何ですか。
**(A) 社員食堂の営業時間**
(B) 社員食堂が営業すること
(C) 管理職が誰を在宅勤務にするか決めること
(D) カーペットの設置は騒音が出るかもしれないこと

**38.** リンがリチャードに頼んでいることは何ですか。
(A) 彼女はアレルギーに苦しんでいるので代わりに働く
**(B) 接着剤がアレルギー反応を起こさないことを確認する**
(C) 彼女にアレルギー症状があっても働かなくてはいけないかどうか確認する
(D) カーペットの設置のために新しい接着剤を買う

### ボキャブラリー
- **installation** 名 設置
- **proceed** 自 進行する
- **sensitive to** ～に敏感な
- **allergy** 名 アレルギー
- **bother** 他 悩ませる
- **cafeteria** 名 社員食堂
- **precisely** 副 正確に
- **out of the way** 遠方に
- **relocate** 自 移転する
- **management** 名 管理職；経営陣
- **cause** 他 引き起こす
- **entire** 形 すべての
- **inconvenience** 名 不便
- **odor** 名 におい；臭気
- **adhesive materials** 接着剤
- **deem** 他 みなす；考える
- **concerns** 名 心配
- **substance** 名 内容物
- **commute** 名 通勤
- **esteem** 他 尊敬する
- **glue** 名 接着剤
- **reaction** 名 反応

# Questions 39-43

**39.** 正解 **(D)** 個別情報 ☆☆☆

解説 タイトルは Business Course for Adults で、ここから選択肢を絞ることはできない。第 1 文の Do you want to start your own business, but are having trouble <u>implementing your own business plan</u>?、そして広告の中ほどの Our courses are designed to help you <u>put together a solid business plan</u> that will attract their attention. から、「事業計画の作成」がこのコースの目的であると判断できる。implement は「実行する」、put together は「まとめあげる」の意味。したがって、「事業計画作成講座」とする (D) が最適である。

**40.** 正解 **(C)** 単語問題 ☆☆

解説 前問でも触れたが、implementing は「（計画などを）実行する」という意味。選択肢はそれぞれ、(A) commanding（命令する）、(B) handling（対処する）、(C) accomplishing（成し遂げる）、(D) swinging（揺り動かす）で、(C) が最も近い。

**41.** 正解 **(A)** 分散情報 ☆☆☆

解説 Comments 欄で Nathan は Also, I would like to leave earlier every day in order to go to work. と書いている。go to work とあることから彼は「仕事に出かける」必要がある。どこかに勤めていると考えられるので、「彼は雇用されている」とする (A) が正解である。Type of course に One week と書いていることから、Nathan は一番長い講座を選択していない。したがって (D) は誤り。

**42.** 正解 **(B)** クロスレファレンス ☆☆☆

解説 広告の <u>In one of our courses</u>, you will learn how to make the proper projection calculations so that investors can calculate the value of their investment easily. は、In one of our courses で 1 つの講座を強調して推奨していると考えられる。the proper projection calculations（適切な事業見通しの計算）に注目。フォームを見ると、Four week の講座に 10:00-3:00 p.m. Month-long course for a comprehensive business plan (includes R&D and <u>projections</u>) とあり、projections が使われているので、この 4 週間の講座が推奨されているわけである。したがって、(B) が正解となる。

**43.** 正解 **(B)** 個別情報 ☆☆

解説 Nathan Lee の要望が書かれているのはフォームの最後にある Comments 欄。I was wondering if it would be all right to pay by check instead. Also, I would like to leave earlier every day in order to go to work. とある。前半の I was wondering if は丁寧な依頼文で、「チェックで支払いたい」旨を申し出ている。後半は「少し早めに退出したい」という要望。(B) の「他の方法で支払う」が前半の内容に一致するので、これが正解。(A) は Take an extra hour one day の部分が、(C) は Pay half of the course by check の部分がそれぞれ問題文と違う。

訳　設問 39 〜 43 は次の広告とフォームに関するものです。

[①広告]

## 成人向けビジネス講座

(39)自分で事業を始めたいと思いながら、事業計画を (40)実行することでつまずいていませんか。十分に練り上げた事業計画を作ることが潜在的投資家を集めるためには不可欠です。投資家はあなたの会社に投資する前にあなたの戦略を知りたいのです。(39)当社の講座は、投資家の関心を集めるしっかりとした事業計画を立てられるように組まれています。(42)当社の講座の1つでは、適切な事業見通しの計算を学ぶことができ、これにより投資家は自分の投資の価値を簡単に計算できます。すべてのコースで、情報の盛り込み過ぎや、計画の過剰な売り込みを避ける方法も教えます。2日間、1週間、4週間のコースがあり、受講するコースが長いほど、あなたの計画も詳細になるでしょう。お申し込みには、添付の書式に記入してファクスで送信するか、www.strategyu.edu にアクセスしてオンラインフォームに記入してください。

[②フォーム]
名前：ネーザン・リー
住所：ケール・ブルバード23番地
電話番号：834-9861
申し込みコース：1週間

2日間
　　土曜、日曜の午前9時から午後8時まで。基礎的事業計画の集中コース。いかに投資家を引きつけ、契約を獲得するかの戦略を含む。

1週間
　　月曜から日曜の午前9時から午後5時まで。より詳しい事業計画（研究開発を含む）。その分野に関係する多様な小規模投資家を引きつけるように作成。

4週間
　　1カ月、午前10時から午後3時までのコース。総合的な事業計画（研究開発および(42)予測を含む）。企業投資家または大物投資家および、上場企業の所有者を引きつけるように作成。

　　1年間の包括的なプログラムについてお知りになりたい方はお電話をお願いいたします。

支払い方法：
　　クレジットカード　　　　　[ 　]
　　　番号：
　　銀行振り込み　　　　　　　[ X ]
　　　送金先
　　　ストラテジー・エジュケーション
　　　ユナイテッド・ヘリテージ銀行
　　　SWIFT UNIH
　　　口座番号：3728992

備考:
(41)(43) 小切手での支払いはできますでしょうか。また、仕事のため、毎日少し早めに退出したいと思いますが、可能でしょうか。ご返信をよろしくお願いします。ありがとうございます。

**39.** どのような種類の講座が提供されていますか。
(A) 戦略講座
(B) 投資講座
(C) 経営講座
**(D) 事業計画作成講座**

**40.** 広告の中で、2行目の「implementing」という単語に最も意味の近いものは
(A) 命令する
(B) 対処する
**(C) 成し遂げる**
(D) 揺り動かす

**41.** ネーザン・リーについて何がわかりますか。
**(A) 彼は雇用されている。**
(B) 彼は十分な資金を持っていない。
(C) 彼はクレジットカードを持っている。
(D) 彼は一番長い講座に関心がある。

**42.** 広告はどのコースを推薦していますか。
(A) 2日間の講座
**(B) 1カ月間の講座**
(C) 1週間の講座
(D) 1年間の講座

**43.** ネーザン・リーは何をしたいですか。
(A) 1日に1時間多く受講し、小切手で支払う
**(B) 他の方法で支払う**
(C) 講座の半額分を小切手で支払い、早く退出する
(D) 1カ月の講座を受講する

**ボキャブラリー**

- implement 他 実行する
- potential 形 潜在的な
- put together ～をまとめる
- attract 他 引きつける
- projection 名 見通し；予測
- oversell 他 過剰に売り込む
- sign up 登録する
- secure 他 確保する
- R&D (research & development) 研究開発
- multiple 形 多様な
- I was wondering if ～していただけますか
- instead 副 その代わりに
- handle 他 対処する
- swing 他 揺り動かす
- crucial 形 重要な
- strategy 名 戦略
- solid 形 しっかりした
- attention 名 注意；注目
- avoid 他 避ける
- attach 他 添付する
- intensive 形 集中的な
- comprehensive 形 包括的な
- command 他 命令する
- accomplish 他 成し遂げる

TEST 2

## Word Capsule 5　採用

- help-wanted ads　求人広告
- vacancy 名 (ポストの) 空き　＊vacant position とも。
- applicant 名 応募者　＊candidate (候補者)
- résumé 名 履歴書
- expertise 名 専門知識
- degree 名 学位
- academic background　学歴
- job description　業務内容
- responsibility 名 業務；責任　＊duty なども同意。
- recruit 名 新入社員　＊new recruit とも。
- probation period　見習い期間
- qualifications 名 資格；能力
- competence 名 能力
- track record　実績；職歴
- reference 名 推薦状；推薦人

# Questions 44-48

**44.** 正解 **(B)** ✓ 文書の目的 ☆☆

解説　1通目のメールの Subject にある Your outstanding payment—account 366453 の outstanding は「未払いの」という意味。また、第1パラグラフで As your personal account manager, I ask that you settle this amount immediately.（あなたの個人口座担当者として、この金額を速やかにお支払いいただくようお願い申し上げます）と書いていたり、第3パラグラフで If you are having difficulties paying the amount or would like to change your repayment schedule, please contact me at 818-923-8307.（この金額のお支払いが難しい場合、または返済スケジュールの変更をお望みの場合は、私の電話番号 818-923-8307 までご連絡ください）と申し出ていたりすることから、(B)「顧客に支払いの遅れを知らせること」が適切である。

**45.** 正解 **(C)** ✓ 個別情報 ☆

解説　1通目のメールの第1パラグラフにある Please note that there is an extra 15% charge added as a late payment fee. より、(C) It includes a 15% late fee.（15パーセントの延滞金が含まれる）が正解。

**46.** 正解 **(D)** ✓ 推測問題 ☆☆

解説　Mr. Redford から Ms. Cranson に宛てた2通目のメールに、until your shop's sales improve と書かれている。Ms. Cranson は店を経営しているので「彼女はビジネスオーナーである」とする (D) が適切。

**47.** 正解 **(B)** ✓ 個別情報 ☆☆

解説　I also understand that you do not wish to default on your debt or to claim bankruptcy から Ms. Cranson さんが望んでいないのは、「債務不履行」と「破産申請」。「破産申請」を Going out of business（廃業すること）と言い換えた (B) が正解となる。

**48.** 正解 **(C)** ✓ クロスレファレンス ☆☆☆

解説　2通目のメールの We have received your request of a monthly payment of $5,000 rather than the current $7,200 until your shop's sales improve. を参照。ここから、Redford さんは Cranson さんから「支払い金額変更の要請を受けた」ことがわかる。一方、1通目のメールを見ると、If you are having difficulties paying the amount or would like to change your repayment schedule, please contact me at 818-923-8307. として、「支払い金額やスケジュールに問題があれば電話をする」ように求めている。つまり、Cranson さんは Redford さんに電話をかけて支払金額変更を要請したのである。(C) が正解。

訳 設問 44 〜 48 は次の2通のメールに関するものです。

[①メール]
宛先：リサ・クランソン
送信元：マーク・レッドフォード
件名：**(44)** 未払い金について。口座 366453
日付：11月15日

クランソン様

当方の記録によりますと、お客様の次回のローン分割払いが支払期限から14日間を経過しております。未払い金額は 7,200ドルです。**(44)** お客様の個人口座担当者として、この金額を速やかにお支払いいただくようお願い申し上げます。**(45)** 支払延滞金として、15パーセントが追加されますのでご留意ください。20日間を超過した未払い金は延滞金が20パーセントになります。

すでにお支払い済みの場合、この通知は無視してください。

**(44)(48)** この金額のお支払いが難しい場合、または返済スケジュールの変更をお望みの場合は、私の電話番号 818-923-8307 までご連絡ください。お客様の財政状態に合った最適な解決策を考えるよう努力いたします。

なるべく早いお返事をお待ちしております。

よろしくお願い申し上げます。
マーク・レッドフォード

[②メール]
宛先：リサ・クランソン
送信元：マーク・レッドフォード
件名：RE: 未払い金について。口座 366453
日付：11月20日

クランソン様

返済スケジュールの変更についてご連絡をいただき、ありがとうございました。現在、財務が危機的状況にあるということを了解いたしました。**(47)** また、お客様が債務不履行や破産申請を望んでいないことも了解しましたので、それらを回避するためにできるだけのことをするつもりです。

**(46)(48)** お客様の店の売り上げが好転するまで、毎月の返済額を現在の 7,200ドルから 5,000ドルにするというご要望を受理いたしました。お申し出の1年間の支払いスケジュールを承認いたしました。1年間が経過した後、スケジュールの継続について検討いたします。

新しいスケジュールは直ちに実行となりますので、ご承知おきください。

よろしくお願い申し上げます。
マーク・レッドフォード

44. 最初のメールの目的は何ですか。
　　(A) 顧客に延滞金について知らせること
　　**(B) 顧客に支払いの遅れを知らせること**
　　(C) 新しい延滞金を知らせること
　　(D) 顧客に新しいスケジュールについて知らせること

45. レッドフォードさんは次の支払いについてどのようなことを述べていますか。
　　(A) 無視されるべきだ。
　　(B) 新しい支払い計画がなければならない。
　　**(C) 15パーセントの延滞金が含まれる。**
　　(D) 20日以内に支払わなければならない。

46. クランソンさんはどんな人ですか。
　　(A) 彼女は不動産業者である。
　　(B) 彼女は銀行員である。
　　(C) 彼女はレッドフォードさんの同僚である。
　　**(D) 彼女はビジネスオーナーである。**

47. クランソンさんは何を避けたいと望んでいますか。
　　(A) 支払いをすること
　　**(B) 廃業すること**
　　(C) 延滞金を支払うこと
　　(D) あまりに多くの支払いをすること

48. クランソンさんについて何が示されていますか。
　　(A) 彼女は倒産の申請をしたい。
　　(B) 彼女はレッドフォードさんにメールを送った。
　　**(C) 彼女はレッドフォードさんに電話をした。**
　　(D) 彼女は5,000ドルを支払った。

**ボキャブラリー**

- **outstanding** 形 未払いの
- **installment payment** 分割払いの支払い
- **overdue** 形 延滞して
- **note** 他 注意する
- **disregard** 他 無視する
- **currently** 副 目下；現在
- **default on one's debt** 債務を不履行にする
- **claim bankruptcy** 倒産を申請する
- **improve** 自 改善する
- **remind ~ of ...** ~に…を思い出させる
- **colleague** 名 同僚
- **according to** ~によると
- **amount** 名 金額
- **extra** 形 追加の
- **work out** ~を考え出す
- **go through** ~を経験する
- **prevent** 他 避ける
- **effective** 形 効力のある
- **real estate broker** 不動産業者

## Word Capsule 6　人事

- **personnel** 名 人事　＊HR (human resources) とも。
- **in charge of** ~を担当して
- **report to** ~に報告義務がある；~の部下である
- **objective** 名 目標
- **performance** 名 実績
- **evaluation** 名 評価
- **promotion** 名 昇格
- **raise** 名 昇給
- **paycheck** 名 給料　＊他に salary、pay、wage なども。
- **remuneration** 名 給料；報酬
- **fringe benefits** 福利厚生（給付）
- **allowance** 名 手当　＊overtime meal allowance（残業時食事手当）
- **insurance** 名 保険
- **pension** 名 年金
- **be entitled to** ~を受ける資格がある

### Word Capsule 7　生産・運送

- **R & D (research and development)**　研究開発
- **innovation**　名 技術革新；イノベーション
- **phase**　名 段階；工期
- **facility**　名 設備
- **equipment**　名 機器
- **inspection**　名 検品；視察
- **specifications**　名 仕様　＊specs とも。
- **prototype**　試作品
- **procure**　他 調達する　＊procurement（調達）
- **vendor**　名 納入業者　＊supplier も同意。
- **assembly line**　組み立てライン
- **outsource**　外部委託する　＊subcontract（下請け契約する）
- **distribution**　名 流通
- **logistics**　名 物流（管理）
- **warehouse / storehouse**　名 倉庫

# TEST 3
正解・解説

## Questions 1-2

**1.** 正解 **(D)**　✓ 文書の目的　☆

解説　Message 欄を見る。Ms. Newly would like to remind you that the date of the next shareholder's meeting has been changed to October 10 from the 12th とあることから、思い起こさせる（remind）ものは「株主総会の日程の変更」である。これを a schedule change と言い換えた (D) が正解となる。bring copies of the first-quarter figures と「数字を準備する」ように指示しているので、「招待する」という (C) は誤り。

**2.** 正解 **(C)**　✓ 個別情報　☆

解説　also that it will begin one hour later at 7:00 p.m. に注目。ここから株主総会は「1時間遅くなって7時から始まる」ように変更されたことがわかる。つまり、元々は7時の1時間前の「6時」だった。(C) が正解である。

訳　設問1〜2は次の電話メモに関するものです。

### 不在時のメッセージ

| 誰へ： | ジョナス・スターリング |
|---|---|
| 誰から： | バネッサ・ニューリー |
| 電話番号： | 876-555-0987 |
| 日付： | 10月7日 |
| 時刻： | 3時15分 |
| メッセージ： | **(1)** ニューリーさんから確認の連絡がありました。次回の株主総会の日時が10月12日から10日に変わり、**(2)** 開始時間も1時間遅い午後7時になっています。第1四半期の数字のコピーを忘れないように。25名が出席する予定。|

**1.** なぜニューリーさんはスターリングさんに電話したのですか。
   (A) 彼女のために重要な書類を用意するため
   (B) 彼女へすぐに折り返しの電話をしてもらうため
   (C) 彼を株主総会に招待するため
   **(D) 予定の変更を彼に思い出させるため**

**2.** 会議はもともと何時に予定されていましたか。
   (A) 午後7時
   (B) 午後8時
   **(C) 午後6時**
   (D) 午前9時

ボキャブラリー
☐ **remind** 他 思い出させる
☐ **figures** 名 数字
☐ **quarter** 名 四半期
☐ **immediately** 副 即座に

## Questions 3-4

**3.** 正解 **(D)** ✓個別情報 ☆

解説 冒頭に Receive 10% off your next purchase of selected Dashfort Dairy products with this coupon. とある。dairy products は「乳製品」のこと。したがって、「牛乳を素材にした製品の割引」とする (D) が最適。「牛乳」も１０％引きで、無料にはならないので、A free gallon of milk とする (B) は誤り。

**4.** 正解 **(B)** ✓分散情報 ☆☆

解説 This coupon is only valid from May 15 to May 30 at all Greene's Markets. に注目。all とあることから、グリーンズマーケットは複数の店舗があるはず。したがって、「２店舗以上ある」とする (B) が正解。この文でクーポンには期限が設定されているので、「期間制限のないクーポンを発行している」とする (D) は誤りである。more savings on a variety of products より「乳製品しか売っていない」とする (C) も不適。

訳 設問 3 〜 4 は次のクーポンに関するものです。

(3) このクーポンで次回のお買い物が１０％割引になります。ダッシュフォート酪農の厳選された製品にお使いください。

次の製品に使えます。

> バニラヨーグルト　12オンス
> チョコレートプリン　6個入り
> スライスチーズのパック
> 1ガロンの牛乳

このクーポンは5月15日から5月30日の間のみ、(4) グリーンズマーケット全店で使えます。当店のウェブサイト greenesmarkets.org をご覧ください。他にもさまざまな商品がお得になっています。

**3.** これは何のクーポンですか。
(A) プリン12パック
(B) 無料の牛乳1ガロン
(C) チョコレートの割引
**(D) 牛乳を素材にした製品の割引**

**4.** グリーンズマーケットについて正しいのはどれですか。
(A) オンラインショップを持っている。
**(B) ２店舗以上ある。**
(C) 乳製品しか売っていない。
(D) 期間制限のないクーポンを発行している。

**ボキャブラリー**
- **purchase** 名 購入
- **pudding** 名 プリン
- **valid** 形 有効である
- **eligible** 形 資格がある；適格である
- **gallon** 名 ガロン（米国では約3.785リットル）
- **savings** 名 割引

## Questions 5-7

**5.** 正解 **(D)** ⬤ 個別情報 ☆

解説 タイトルに CUTTING-EDGE CREATIONS（最先端の製品）や Smart new products（ハイテクの新製品）とあることから、innovative（革新的な）を使って Innovative products と言い換えている (D) が正解である。

**6.** 正解 **(B)** ⬤ NOT 設問 ☆☆

解説 (A)「電気シャツと電気パンツの両方を買う客は得をする」は Electric shirt and pants の紹介（Shirt: $150 + Pants: $250 > Set: $350）に合致する。(C)「ある金額を超えた注文は送料が無料になる」は Free shipping on all orders over $500 に、(D)「動画プロジェクターはどこにでも持ち運べる」は Handheld movie projector の説明の Show your movies on the spot, anywhere にそれぞれ合致する。(B)「配送料がさらに 10％引きになる」という記述はないので、これが正解になる。

**7.** 正解 **(A)** ⬤ 推測問題 ☆☆

解説 注意書きの *If you purchase any new item along with our regular items, you can get an additional 10% off. に注目。さらに10％引きの条件は「新製品と通常商品を一緒に購入する場合」なので、「通常商品と電気シャツ（＝新製品）を買う」としている (A) が正解となる。

訳 設問 5 ～ 7 は次のウェブページに関するものです。

http://www.newcuttingedgecreations.com/index.html

ホーム　製品　オンラインショップ　小売店　連絡先　サイトマップ　よくある質問

<sup>(5)</sup>**最先端のアイデア商品**
あなたの生活を豊かにする<sup>(5)</sup>高性能の新製品

<sup>(6)</sup>**500 ドルを超える額のご注文で配送料無料**

新製品：

**電動歯ブラシ、2 本のヘッド付き**
　歯をきれいにする究極の方法。返金保証付き。　　　　　　　　　　　　　**55 ドル**

**ハンドヘルド動画プロジェクター**
　<sup>(6)</sup>手軽に持ち運べるこのプロジェクターがあれば、動画がすぐにどこででも視聴可能。
　　　　　　　　　　　　　　　　　　　　　　　　　　　　　　　　　　**500 ドル**

**(6) 電気シャツと電気パンツ**
電池で電気を流し、冬でも暖かい

| (6) シャツ： | 150 ドル |
|---|---|
| パンツ： | 250 ドル |
| セット： | 350 ドル |

(7)＊ 新商品を通常商品と一緒にお買い求めの場合には、さらに 10％ 割引となります。

**5.** このウェブページでは何が提供されていますか。
    (A) 配送サービス
    (B) 技術的な情報
    (C) 骨董品
    **(D) 革新的な製品**

**6.** ウェブページで述べられていないことは何ですか。
    (A) 電気シャツと電気パンツの両方を買う客は割引を受ける。
    **(B) 配送料がさらに10％割引になる。**
    (C) ある金額を超えた注文は送料が無料になる。
    (D) 動画プロジェクターはどこにでも持ち運べる。

**7.** 10％の割引を受けるには客は何をしなければなりませんか。
    **(A) 通常商品1つと電気シャツ1枚を買う**
    (B) 電気シャツを2枚買う
    (C) 2つ以上の通常商品を買う
    (D) 500ドルを超える額の商品を買う

**ボキャブラリー**

- **cutting-edge** 形 最先端の
- **improve** 他 向上させる
- **toothbrush** 名 歯ブラシ
- **come with** ～が付いてくる
- **handheld** 形 手のひらに載る
- **current** 名 電流
- **innovative** 形 革新的な
- **creation** 名 新製品；考案品
- **shipping** 名 配送
- **ultimate** 形 究極の
- **guarantee** 名 保証
- **on the spot** その場で
- **antiques** 名 アンティーク製品
- **qualify for** ～の資格がある

TEST 3

## Questions 8-10

**8.** 正解 **(B)** ✅推測問題 ☆

解説 7/13 の Business strategy conference and Q&A at IMA headquarters や Q&A with CEO of Forsythe Industries などから上級管理職向けの日程であると推測できる。(B) Business executives（企業幹部）が最適である。

**9.** 正解 **(C)** ✅個別情報 ☆

解説 depart 6:35 a.m. とあることから、出発するのは午前 6 時 35 分。(C) が正解。6 時 15 分は集合時間である。

**10.** 正解 **(D)** ✅分散情報 ☆☆

解説 最後の注意書きに Please wear business attire throughout the entire conference period. とある。「ビジネスの服装」が求められており、これを certain clothing を使って言い換えた (D) が正解である。meals（食事）は 7 月 13 日は 2 回、14 日も 2 回で計 4 回なので (A) は誤り。会議の終了時刻は 13 日は 6 時 15 分なので (B) も誤り。会議の個別のプログラムは、at IMA headquarters、at Darner Hall、at Johnson Place などと場所を変えて行われるので、(C) も誤りである。

訳 設問 8 〜 10 は次の日程に関するものです。

### 会議日程

**7月13日　月曜日**
午前6時15分：イーストン駅45番ゲート前に集合、列車4675号。⁽⁹⁾午前6時35分発
午前9時15分：エルムウッド着、バス乗車
午前10時〜午後0時：⁽⁸⁾ビジネス戦略会議および質疑応答、IMA本社
午後0時〜午後2時：昼食、当地レストラン、ルビストロ
午後2時30分〜4時30分：プレゼン「お客様を知る」、ダーナーホール
午後4時45分〜6時15分：⁽⁸⁾フォーサイス・インダストリーズ社CEOとの質疑応答
午後6時15分〜8時：夕食、ピーコックルーム

**7月14日　火曜日**
午前10時〜午後0時：ビジネス・ネットワーキング・セミナー、ジョンソン・プレース
午後0時〜2時：昼食。レストラン、マーティン
午後2時〜4時：部長会議、ライトホール
午後4時〜6時：製品販売のブレーンストーミング・セッション
午後6時〜8時：夕食、レンファーツ
午後8時30分：エルムウッド駅35Aゲート前に集合、列車3426号

⁽¹⁰⁾会議期間中はビジネスウェアを着用のこと
宿泊場所の提供あり

8. この日程表は誰のためと考えられますか。
   (A) 工場労働者
   **(B) 企業幹部**
   (C) レストランの店員
   (D) 学生

9. 参加者は月曜日の何時に旅行へ出発しますか。
   (A) 午前10時
   (B) 午前9時15分
   **(C) 午前6時35分**
   (D) 午前6時15分

10. 会議について何が示されていますか。
    (A) 5回の食事を含む。
    (B) 6時前に終わる。
    (C) 同じ場所で行われる。
    **(D) 特定の服装が求められる。**

ボキャブラリー
- **conference** 名 会議
- **itinerary** 名 日程
- **headquarters** 名 本社
- **brainstorming** 名 ブレーンストーミング：集団で自発的にアイデアを出し合うこと
- **attire** 名 服装
- **accommodations** 名 宿泊施設
- **participant** 名 参加者

TEST 3

## Questions 11-13

**11.** 正解 **(B)** ✓文書の目的 ☆

解説 第1文に Please note that the line 3 train connection will be closed from April 3 to April 20 for track maintenance. とあり、「ライン3の休止」を伝えている。第2文以降はライン3の休止によって生じる不便とその対処法を説明しているので、「通勤者に休止の鉄道路線について知らせること」とする (B) が最適。

**12.** 正解 **(D)** ✓個別情報 ☆

解説 Those who need to get to Grangeville, Bellington, Dearborne and Fuller stations during this period may change to lines 4, 6 and 7 at Hartford. より Hartford 駅では、ライン4、6、7の3路線に乗り換えることができる。したがって、(D) が正解となる。shuttle bus があるのは Gerber 駅なので (B) は誤り。

**13.** 正解 **(C)** ✓NOT 設問 ☆☆

解説 (A)「バスの運行」は There will also be a bus shuttle service available at Gerber main station に、(B)「スタッフにたずねる」は Those ～ are encouraged to call the train office at 303-987-2782 and our staff will find the most convenient route for you. に、(D)「他の駅での乗り換え」は Those who need to get to Grangeville, Bellington, Dearborne and Fuller stations during this period may change to lines 4, 6 and 7 at Hartford. にそれぞれ対応する。(C)「そのルートをたどる新しい路線」だけが記述がないのでこれが正解となる。

訳 設問 11 ～ 13 は次のお知らせに関するものです。

### お知らせ

(11) 4月3日から4月20日の間、線路の補修工事のためライン3の列車接続が休止になりますので、ご注意ください。(12)(13) この期間にグランジビル、ベリントン、ディアボーン、フラーの各駅へおいでのお客様は、ハートフォードでライン4、6、7に乗り換えができます。(13) ガーバー中央駅からシャトルバスも利用できます。お客様の便宜を図るため、ライン3と同じルートを運行します。(13) この保線工事によって通勤にご不便が生じるお客様は、鉄道局までお電話いただくことをお勧めします。番号は 303-987-2782 です。当局スタッフが最も便利なルートをお探しいたします。ライン3の運行は4月20日午前10時に再開します。ご協力をよろしくお願い申し上げます。

88

**11.** このお知らせの目的は何ですか。
(A) 通勤者に新しい鉄道路線について知らせること
**(B) 通勤者に休止の鉄道路線について知らせること**
(C) 通勤者に便利のよい鉄道ルートを知らせること
(D) 通勤者に利用できるシャトルバス運行について知らせること

**12.** 通勤者はハートフォードで何ができますか。
(A) 鉄道局を訪ねる
(B) シャトルバスに乗る
(C) フラー駅まで歩く
**(D) 異なる路線に乗り換える**

**13.** 解決策として挙げられていないことは何ですか。
(A) バスの運行
(B) スタッフにたずねる
**(C) そのルートをたどる新しい路線**
(D) 他の駅での乗り換え

---

**ボキャブラリー**

☐ **train connection** 列車の接続 ☐ **track maintenance** 線路の補修
☐ **shuttle service** シャトルサービス ☐ **commute** 名 通勤
☐ **be encouraged to** 〜することが奨励される
☐ **resume** 自 再開する

TEST 3

---

### Word Capsule 8 マーケティング

☐ **consumer** 名 消費者
☐ **survey** 名 調査;アンケート ＊ questionnaire（アンケート）
☐ **segment** 名 市場区分
☐ **respondent** 名（アンケートの）回答者
☐ **recognition** 名 認知(度) ☐ **trade show** 商品見本市
☐ **promotion** 名 販売促進 ☐ **demonstration** 名 実演(販売)
☐ **differentiate** 他 差別化する ☐ **tag line** キャッチフレーズ
☐ **word of mouth** 口コミ ☐ **competitor** 名 競合会社
☐ **maturity** 名（市場の）成熟 ☐ **niche** 名 ニッチ;すきま市場
☐ **up market** 高所得市場 ＊ down market（大衆層市場）

## Questions 14-16

**14.** 正解 **(D)**　✓文書の目的　☆☆

解説 第1パラグラフ第2文で I think we need to make a few preparations.（少し準備をする必要があると思います）と書いている。また、第2パラグラフでは「食べ物と飲み物の準備」、第3パラグラフでは「プレゼンのミスの処理」について述べている。いずれも会議の準備作業なので「会議の準備について伝えるために」としている (D) が最適。(A) の頼み事については、「今その仕事をやっていますが、変更した個所について今日中にあなたと話し合いたいと思います」がそれに当たるが、これも準備の1つなので、(A) は不適切。

**15.** 正解 **(B)**　✓個別情報　☆

解説 lunchtime の記述は、First of all, as the meeting is around lunchtime, I think it would be a good idea to serve some light beverages and snacks. にある。serve some light beverages and snacks（簡単な飲み物と食べ物を出す）ということなので、これを refreshments（軽い飲食物）を使って言い換えた (B) が正解である。

**16.** 正解 **(D)**　✓個別情報　☆

解説 Let's also arrange for Sara to take the minutes at the meeting. から minutes（議事録）をとる（書く）のは Sara であり、その担当を arrange するのが、Jay と Nora である。「議事録はサラが書く」とする (D) が正解。

訳　設問14～16は次のメールに関するものです。

宛先：ジェイ・ウィザーズ
送信元：ノラ・エドソン
件名：明日のクライアントとの会議
日付：5月11日

ジェイさん
明日の会議のことで連絡したいと思っていました。私たちのとても大切なクライアントですから。
(14)少し準備をする必要があると思います。
(15)最初に、会議はお昼時にかかっているので、簡単な飲み物と食べ物を出してはどうかと考えています。会議は長くかかりそうなので、クライアントに快適に過ごしてもらいたいのです。空腹やのどの渇きのために、早く出て行きたいと思って欲しくないのです。
次に、プレゼンにいくつかのミスを見つけました。すぐに片付けなくてはなりません。今その仕事をやっていますが、変更した個所について今日中にあなたと話し合いたいと思います。3時以降で空いている時間はありますか。
(16)それから、サラに会議の議事録を取ってもらうよう調整しましょう。当然のことですが、話し合ったことはすべてあとで検討することになるでしょうから。
何時に会えるかなるべく早く教えてください。

よろしくお願いします。
ノラ

**14.** なぜノラはジェイに書いているのですか。
　　(A) 頼みを聞いてもらうために
　　(B) プレゼンテーションのやり直しを彼に頼むために
　　(C) 会う予定のクライアントについて彼に教えるために
　　**(D) 会議の準備について彼に伝えるために**

**15.** ノラは昼食時間に何をしたいのですか。
　　(A) クライアントを昼食に連れて行く
　　**(B) クライアントに軽い飲食物を出す**
　　(C) 会議を延期する
　　(D) 持ち帰り用の料理を注文する

**16.** 会議の議事録について何が示されていますか。
　　(A) 議事録はクライアントが準備する。
　　(B) 議事録に沿って会議が進められる。
　　(C) 議事録はノラがとる。
　　**(D) 議事録はサラが書く。**

ボキャブラリー
- **touch base with** 　〜と連絡を取る
- **beverages** 名 飲み物
- **be anxious to** 　〜したいと思う
- **sort out** 　〜を解決する
- **take the minutes** 　議事録を取る
- **as a matter of course** 　当然ながら；もちろん
- **ASAP (= as soon as possible)** 　すぐに
- **ask for a favor** 　頼み事をする
- **refreshments** 名 軽い飲食物
- **first of all** 　第一に
- **comfortable** 形 快適な
- **due to** 　〜が原因で
- **immediately** 副 今すぐに
- **review** 他 見直す
- **redo** 他 やり直す
- **adjourn** 他 延期する

TEST 3

## Questions 17-19

**17.** 正解 **(B)** ✅文書の目的 ☆

解説 第2文の As food and crop prices rise, there are certain things you can do to save money on your food bill.（食品や穀物の価格が上昇しているなかで、食費を節約するためにできることがいくつかあります）や、最後のほうにある If you follow these tips, you can save hundreds of dollars annually.（このようなヒントを守れば、1年で数百ドルを節約することができます）から、「節約のヒントを教える」とする (B) が最適である。

**18.** 正解 **(A)** ✅個別情報 ☆

解説 レストランについては、Eat at home and not at restaurants: Eating out can take a big bite out of your monthly food budget. を参照。「外食は毎月の食費の大きな比率を占める」と書かれている。これを「高いお金がかかる」と言い換えた (A) が正解。

**19.** 正解 **(A)** ✅NOT 設問 ☆

解説 (B)「食べ物を買いすぎるのを避けること」は If you shop when you are hungry, you'll buy too much food that you may never eat. に、(C)「クーポンを利用すること」は Take advantage of the coupons in your local newspaper. に、(D)「前もって何を食べるかを決めること」は Carefully plan meals with proper amounts. にそれぞれ対応する。(A)「カロリーを削減すること」だけが記述がないので、これを選ぶ。

訳 設問 17 〜 19 は次の情報に関するものです。

家計の中で最大の出費のひとつは食費です。昨今、家族を養うためにはかなりの費用がかかります。**(17)**食品や穀物の価格が上昇しているなかで、食費を節約するためにできることがいくつかあります。

**クーポン：(19)**地元の新聞に付いているクーポンを利用しましょう。買い物代を大幅に節約できます。

**(18)飲食店ではなく家で食べる：**外食は毎月の食費の大きな割合を占めます。

**使うものだけを買う：**食べないものにお金を払うのはやめましょう。

**買い物はお腹がいっぱいのときに：(19)**空腹のときに買い物をすると、食べもしない食品をたくさん買うことになります。

**ファストフードは避ける：**ファストフードによる食事は健康に悪いだけではなく、お金もかかります。

**毎食の計画を立てる：**(19)適切な量の食事を慎重に計画します。

**残り物を食べる：**残り物をごみにしてはいけません。

(17) このようなヒントを守れば、1年で数百ドルを節約することができます。もっとヒントや情報が欲しい方は、当方のウェブサイト www.foodbudgetsavings.com をご覧ください。

**17.** この情報の目的は何ですか。
(A) 食品の割引サービスをする
**(B) 節約のヒントを教える**
(C) 人々に悪い食事について警告する
(D) 人々に新しい考えについて教える

**18.** 飲食店で食べることについて何がわかりますか。
**(A) 高いお金がかかる。**
(B) 健康のためによくない。
(C) 飲食店は清潔ではない。
(D) 食べ物がよくない。

**19.** この情報の中で何が忠告されていませんか。
**(A) カロリーを削減すること**
(B) 食べ物を買いすぎるのを避けること
(C) クーポンを利用すること
(D) 前もって何を食べるかを決めること

### ボキャブラリー

- □ **expenses** 名 費用
- □ **costly** 形 費用がかかる
- □ **crop** 名 穀物
- □ **bill** 名 請求書；請求金額
- □ **take a big bite** （経費などが）大きな割合に達する
- □ **budget** 名 予算
- □ **diet** 名 食事
- □ **annually** 副 年間に
- □ **redeem** 他 （クーポンなどを）現金に換える；使う
- □ **in advance** 前もって
- □ **household** 名 家庭
- □ **feed** 他 養う；食べさせる
- □ **certain** 形 特定の
- □ **take advantage of** 〜を利用する
- □ **avoid** 他 避ける
- □ **leftover** 名形 食べ残し（の）
- □ **cut down on** 〜を削減する

## Questions 20-23

**20.** 正解 **(D)** ✅個別情報 ☆

解説 第1パラグラフ第2文にある your research regarding supersonic flight（あなたの超音速フライトに関する研究）に着目。supersonic flight を簡単に fast airplane flight と言い換えて「飛行機による高速飛行を研究する」としている (D) が正解である。

**21.** 正解 **(A)** ✅個別情報 ☆☆

解説 第1パラグラフの最後にある We 〜 were quite pleased to learn of some new breakthroughs you discovered for reducing the take-off and landing noise associated with such flights から、「超音速フライトにおける離着陸の騒音を削減する新しい画期的な発見」を学びたいことがわかる。これをシンプルに his noise reduction findings と言い換えて「騒音削減の研究について講演するのを聞くこと」とする (A) が正解となる。

**22.** 正解 **(C)** ✅個別情報 ☆

解説 講演の日程は第2パラグラフに書かれている。It will be held August 25-29 from 2:00 p.m. から、講演が行われるのは8月25〜29日。そして、同パラグラフの最後で、We would like it if you would take the August 26 slot. と依頼している。26日は講演の2日目に当たるので (C) The second day of the event が正解となる。

**23.** 正解 **(D)** ✅単語問題 ☆

解説 notable は We will have other notable speakers, many of whom are your colleagues. で使われている。speakers（講演者）を修飾していることもヒントになるが、notable は「著名な」という意味。選択肢は、(A) critical（批判的な）、(B) historic（歴史的な）、(C) glaring（まばゆい）、(D) distinguished（傑出した）なので、(D) が最適である。glaring は「派手な；けばけばしい」という含意なので、こここの文脈では不適切。

| 訳 | 設問 20 〜 23 は次のレターに関するものです。

## 航空宇宙研究協会

6月17日

ハンス・トリムバッハ博士
GLDK研究所
ベルリン、ドイツ

トリムバッハ博士

ご存知と思いますが、毎年ＡＡＲではこの分野の研究者を招いた一連の講義を主催し、最新のプロジェクトや研究成果について発表をしていただいています。当協会をはじめ、科学者たちの多くが、**(20)** あなたの超音速フライトに関する研究にたいへん大きな興味を抱いています。当協会ではあなたの報告を懸命に追いかけていて、**(21)** 超音速フライトにおける離着陸の騒音を削減する新しい画期的な発見をされたことを知り、とても嬉しく思っております。

そこで、今年の催しで講演をお願いできましたら誠に光栄です。**(22)** 催しは8月25日〜29日の午後2時から当協会の中央講義室で行われます。講演はそれぞれ3時間から5時間程度になります。**(22)** 8月26日の日程をご承諾いただければ幸いです。

他にも **(23)** 著名な 講演者が参加されます。多くはあなたの同僚の方々です。

ご都合がつき次第お返事をいただきたいと存じます。

よろしくお願い申し上げます。

サム・ウィンストン
ＡＡＲ理事長

**20.** トリムバッハ博士は何をしますか。
　(A) 超音速航空機を製造する。
　(B) フライトで音速を超える。
　(C) 飛行の安全性について報告する。
　**(D) 飛行機による高速飛行を研究する。**

**21.** サム・ウィンストンが特に興味を持っているのは何ですか。
　**(A) トリムバッハ博士が騒音削減の研究について講演するのを聞くこと**
　(B) 航空機の騒音の最良の解決策を見つけるためにトリムバッハ博士と一緒に働くこと
　(C) 超音速飛行についてトリムバッハ博士の前で講義すること
　(D) トリムバッハ博士を超音速飛行の画期的発見と結びつけること

TEST 3

**22.** トリムバッハ博士はいつ講演を行いますか。
(A) 催しの最初の日
(B) 催しの最後の日
**(C) 催しの2日目**
(D) 催しの3日目

**23.** 第3パラグラフ1行目の「notable」という単語に最も意味が近いのは
(A) 批判的な
(B) 歴史的な
(C) まばゆい
**(D) 傑出した**

### ボキャブラリー

- **association** 名 協会
- **institute** 名 研究所
- **finding** 名 発見
- **supersonic** 形 超音速の
- **associated with** ～に関係した
- **slot** 名 枠
- **colleague** 名 同僚
- **glaring** 形 まばゆい
- **aerospace** 名 航空宇宙
- **researcher** 名 研究者
- **regarding** 前 ～に関する
- **breakthrough** 名 技術革新
- **honored** 形 光栄に思う
- **notable** 形 著名な
- **critical** 形 批判的な
- **distinguished** 形 傑出した

---

## Word Capsule 9　販売

- **quotation / estimate** 名 見積 (書)
- **negotiable** 形 交渉の余地がある
- **mark down** ～を値下げする
- **release** 他 (製品などを) 発表する
- **wholesale** 名 卸売り　形 卸売りの
- **outlet** 名 直販店；販売店
- **loyalty card** お客様カード
- **store credit** (その店のみで使える) 金券
- **back order** 取り寄せ注文
- **invoice** 名 請求書；インボイス
- **strike [land] a deal** 取引をまとめる
- **launch** 他 販売開始する
- **sales representative** 販売員
- **retail** 名 小売り　形 小売りの
- **rebate** 名 キャッシュバック

## Questions 24-28

**24.** 正解 **(B)** ✓文書のテーマ ☆☆

解説 タイトルに Exploring Online Education（オンライン教育についての考察）とある。また、本文は4つのパラグラフで構成されていて、「オンライン教育の現状」→「多くの欠点」→「調査結果が示すその利点」→「コスト面の利点」という内容。したがって、「オンライン学習の長所と短所」とする (B) が最適である。(C)「代替的な教育法」は表現があいまいで、主題としては不適切。

**25.** 正解 **(D)** ✓分散情報 ☆☆

解説 第2パラグラフの The primary problem is a lack of correspondence between the teacher and the students. に注目。オンライン教育の大きな問題として、「先生と学生のやりとりが欠如する」ことが挙げられている。これを interact を使って「交流が難しくなりうる」としている (D) が正解。第3パラグラフと第4パラグラフではオンライン教育の利点が紹介されているので、「従来の教育に勝るものではない」とする (B) は不適。また、「オンライン教育で高度な学位を取得することはごく普通（very common）」と書かれているが、「オンライン教育は高度な学位を求める人だけに向いている」と限定されてはいないので、(C) も不適。

**26.** 正解 **(C)** ✓単語問題 ☆

解説 lack は The primary problem is a lack of correspondence between the teacher and the students. の文で「欠如」の意味で使われている。選択肢は、(A)「収縮」、(B)「欠点」、(C)「不足」、(D)「必要」の意味なので、(C) が最適である。

**27.** 正解 **(B)** ✓NOT設問 ☆☆

解説 オンライン教育の欠点は第2パラグラフを見る。(A)「教科書での学習と大差がない」は Also, online learning is not so different from learning from textbooks on your own. に、(C)「録画した講義を使用する傾向にある」は Online classrooms are often confined to videotaped lectures に、(D)「教師に質問する機会がない」は do not allow for questions にそれぞれ対応する。(B)「その教室授業は一定の期間に予定される」だけが記述がないので、これを選ぶ。

**28.** 正解 **(A)** ✓個別情報 ☆☆

解説 設問の choice が使われているのは、第4パラグラフの So ultimately the choice of an online learning environment versus a classroom one may come down to cost for many potential students. である。come down to は「結局〜になる；〜に帰着する」の意味なので、オンライン学習の環境か教室の環境かの選択を決するのは cost（費用）だということ。「オンライン学習の価格」とする (A) が正解となる。

> 訳 設問 24 〜 28 は次の記事に関するものです。

## (24)オンライン教育についての考察
### テレンス・デール

　オンライン教育機関について、最近多くのことが言われています。団体の数は増加していて、忙しい専門職の人たちも多くが教育を深めるためにインターネットの資源を活用しています。MBAのような高度な学位もインターネット教育で提供されているのが普通になっています。今日のような忙しい世界では、より高い資格を得ようとする多くの人々にとって、オンライン教育が解決策となっているようです。

　とはいえ、このような教育方法には多くの欠点もあります。(25)主な問題として挙げられるのは、教師と生徒の間のやり取りの(26)欠如です。(27)オンライン教室は録画された講義のみになることが多く、(27)質問はできません。(27)また、オンラインでの学習は、自分で教科書から学ぶのと大差はありません。

　しかし本質的なポイントは、オンライン教室で従来の教室と同じだけのことを学べるのか、ということです。教育省が行ったある特別な調査によると、オンライン学習のほうが従来型の学習より若干優れているという結果でした。その主な理由は、今日のオンライン学習の講座は学生の要望にきめ細かく対応できるというものです。また、学生は自分の責任で好きなときに勉強するという自由があるので、より多くの情報を吸収したりより多くを覚えることができる、と考える人もたくさんいるのです。

　では、オンライン学習と従来型の学習の費用の比較はどうでしょうか。オンライン学習の環境を選ぶ学生はお金を節約できます。建物の賃貸料といった物理的な教室の費用がかからず、教員や教科書、その他必需品にかかる大きな出費もありません。(28)結局のところ、オンライン学習か教室での授業かという選択は、多くの潜在的な学生にとって費用の問題になるようです。この意味で、オンライン学習は将来の主流になるかもしれません。

**24.** この記事の主題は何ですか。
　(A) 従来の学習環境
　**(B) オンライン学習の長所と短所**
　(C) 代替的な教育法
　(D) オンライン学習の欠点

**25.** オンライン教育について何が言えますか。
　(A) 完了するのが簡単ではない。
　(B) 従来の教育に勝るものではない。
　(C) 高度な学位を求める人だけに向いている。
　**(D) 交流が難しくなりうる。**

**26.** 第2パラグラフ4行目の「lack」という単語に最も意味が近いのは
　(A) 収縮
　(B) 欠点
　**(C) 不足**
　(D) 必要

**27.** オンライン学習の短所として挙げられていないことは何ですか。
　(A) 教科書での学習と大差がない。
　**(B) その教室授業は一定の期間に予定される。**
　(C) 録画した講義を使用する傾向にある。
　(D) 教師に質問する機会がない。

**28.** 記事によると、多くの学生は何を基準に選択をするでしょうか。
　**(A) オンライン学習の価格**
　(B) オンライン学習の利便性
　(C) オンライン学習の評判
　(D) オンラインの教員の質

### ボキャブラリー

- **explore** 他 検討する；探究する
- **utilize** 他 利用する
- **further** 他 さらに進める
- **upgrade** 他 格上げする
- **drawback** 名 欠点
- **correspondence** 名 交流
- **videotaped** 形 録画された
- **conventional** 形 従来型の；伝統的な
- **specifically** 副 個別に
- **environment** 名 環境
- **rent** 名 賃貸料
- **ultimately** 副 結局のところ
- **come down to** ～に帰着する
- **means** 名 手段
- **preferable** 形 好ましい
- **defect** 名 欠点
- **reputation** 名 評判
- **educational institutions** 教育機関
- **resources** 名 資源；材料
- **degree** 名 学位
- **qualifications** 名 資格
- **primary** 形 第一の
- **confine** 他 制限する
- **reveal** 他 明らかにする
- **tailor** 他 用途に合わせてつくる
- **freedom** 名 自由
- **physical** 形 現実の；物理的な
- **supplies** 名 必需品；用品
- **versus** 前 ～対～
- **potential** 形 可能性のある
- **accomplish** 他 完了する
- **shrinkage** 名 収縮
- **insufficiency** 名 不足

# Questions 29-33

### 29. 正解 (C)  文書の目的 ☆☆

**解説** メールの第1パラグラフの I just wanted to send along the list of the new trainees, and the schedule for next week's employee training. と I hope that you will see to it that things run accordingly and stay on schedule. を参照。「新入社員の名簿と研修スケジュールを送る」とともに、Paul に「事がスムーズにスケジュール通りに進むことに気を配る」よう求めている。選択肢の中では前者についてまとめた (C) が最適。社員研修の具体的な仕事について注意喚起しているわけではないので、(A) は不適当である。

### 30. 正解 (D)  推測問題 ☆☆

**解説** Jos は Paul についてメールの中で As you are in charge of the HR department and the new recruits と書いている。HR department は「人事部」のこと。「人事部と新入社員を統括している」ということなので、そのポストは (D)「人事部長」がふさわしい。

### 31. 正解 (B)  個別情報 ☆☆

**解説** 設問の a line through two employees' names on the list は a couple of names crossed off the list に対応する。どちらも「名前を線で消した」ことを表す。次の文で These were new employees that changed their minds and decided not to work for us after all. と書かれているので、名前が消された社員は「心変わりして、この会社では働かないと決意した」ということ。これを「彼らは会社を辞めた」と言い換えた (B) が正解となる。

### 32. 正解 (A)  クロスレファレンス ☆☆☆

**解説** 設問の be now under consideration（目下考慮中）の類似表現は、We are in the process of deciding what to replace that section with にある。「その部分に何を入れるか決定しようとしている」ということ。その部分が何を指すかは前文を見ると、There is also a part of the schedule that has been crossed out. とあり、「スケジュールの中で線により消された部分」である。第2文書のスケジュールを見ると、線で消されているのは Comprehensive exam。comprehensive を covers everything と言い換えた (A)「全体を網羅するテスト」が正解。

### 33. 正解 (B)  個別情報 ☆☆

**解説** メールの最後で Joselyn は Paul に If you have any questions please call me after 3:00 today.（もし質問があれば、今日の午後3時以降に電話をください）と書いているので、明日の午前に起こる可能性があるのは (B)「ポールがジョスリンに連絡する」である。(C) は立場が逆。また、メールには next week's employee training とあることから、明日の午前に社員研修が始まることはありえないので、(A) も誤り。

> 訳 設問29〜33は次のメールとリストに関するものです。

[①メール]
宛先：ポール・ストラウス
差出人：ジョスリン・ハリス
件名：新人研修生
日付：12月4日

ポールさん

<sup>(29)</sup>新人研修生のリストと来週の社員研修のスケジュールを送ります。<sup>(30)</sup>あなたは人事部と新人の責任者ですから、<sup>(29)</sup>研修がスムーズに進行してスケジュールが守れるよう気を配ってください。

リストの中でいくつかの名前に線が引かれています。<sup>(31)</sup>この人たちは新入社員でしたが、心変わりをして、結局うちの会社で働かないことになりました。<sup>(32)</sup>スケジュールの一部にも線が引いてあります。この部分に何を代わりに入れるかを決めている最中なので、明日の昼までに連絡します。

<sup>(33)</sup>何か質問があれば、今日の3時以降に電話をください。

よろしく。
ジョス

[②リスト]
**社員**

| | | |
|---|---|---|
| ジョン・ヒルデブラント | リー・イユー | サラ・スタインベック |
| アントニオ・カッセーラ | ネルソン・ブリッグズ | キャロリン・プラット |
| ジェイミー・ホースト | ベンソン・ウェイ | ユリ・ゴベウィッツ |

**社員研修スケジュール**

社員ハンドブックの配布。社則の確認
ロールプレイで販売およびマーケティングのテクニックの説明
タイムカードと日報の書き方
製品説明と質疑応答
総合テスト<sup>(32)</sup>

研修は毎日午前10時開始、午後5時終了です。研修生の欠席、遅刻、早退の記録を取ってください。

**29.** ジョスリン・ハリスのメールの目的は何ですか。
(A) ポールに社員研修での彼の仕事を思い出させること
(B) ポールに新しいスケジュールの作成を頼むこと
**(C) ポールに社員研修のリストとスケジュールを送ること**
(D) ポールと会うスケジュールを組むこと

**30.** ポールの仕事は何だと考えられますか。
(A) 社員採用担当者
(B) 人事部の研修生
(C) 社員のコンサルタント
**(D) 人事部長**

**31.** リストにあるふたりの社員の名前に線が引かれているのはなぜですか。
(A) 彼らは解雇された。
**(B) 彼らは会社を辞めた。**
(C) 彼らは病気にかかっている。
(D) 彼らの名前が間違っている。

**32.** 研修のどの部分が目下、検討中ですか。
**(A) 全体を網羅するテスト**
(B) 質問と回答の時間
(C) セールストークのリハーサル
(D) 報告書の書き方の学習

**33.** 明日の午前、何が起こりますか。
(A) 研修が始まる。
**(B) ポールがジョスリンに連絡する。**
(C) ジョスリンがポールに電話する。
(D) 社員ハンドブックが出来上がる。

### ボキャブラリー

- **trainee** 名 研修生
- **HR department** 人事部
- **see to it that** 〜することに心を配る
- **run accordingly** それに応じて進行する
- **cross** 他 横線を引く
- **cross out** 〜を線を引いて消す
- **duty** 名 業務
- **sales pitch** セールストーク
- **in charge of** 〜を担当して
- **new recruits** 新入社員
- **after all** 結局
- **replace A with B** AをBに変える
- **make up** 〜を作成する

## Questions 34-38

**34.** 正解 **(A)** 　📄 文書の目的　☆☆

解説　まず Subject（件名）が Preparations for end-of-year party（忘年会の準備）であることをチェックしておこう。メールの冒頭には We need to get together and decide the venue and other things for the end-of-the-year company party. と書かれていて、「忘年会の開催場所やその他を決めるために会う」ことを求めている。ここから、「イベントを手配することを彼に思い出させるため」とする (A) が正解。party は event に言い換えられている。なお、メールでは (C) や (D) のように Mr. Bryson に何か具体的な業務を頼んではいない。

**35.** 正解 **(D)** 　📄 個別情報　☆☆

解説　設問の check は第 2 パラグラフの We will have to check and see which venue can accommodate us. で使われている。2 人が調べなければならないのは、パーティーの venue（場所）である。venue を location と言い換えて表現した (D) が正解である。

**36.** 正解 **(A)** 　📄 単語問題　☆☆☆

解説　diverse は I also want to make sure that the menu has a diverse selection so that we can be sure to have something for everyone. で使われている。被修飾語の selection が「選択肢」の意味であり、that 以下が「全員が何かしら食べられるようにする」であることもヒントになる。diverse は「多様な」という意味であり、選択肢は (A) mixed（雑多な）、(B) particular（特別の）、(C) distinct（独特な）、(D) altered（変更された）なので、(A) が最適。

**37.** 正解 **(A)** 　📄 NOT 設問　☆☆

解説　(B)「選べる食事の種類がある」は You will have your choice of four three-course meals. に、(C)「生演奏とダンスフロアが用意される」は After dinner a live jazz band will be performing and there is also a dance area. に、(D)「それは 4 時間続く」は from 8:00 p.m. to midnight にそれぞれ対応する。(A)「社員は事前にメニューを選んでおかなければならない」だけが記述がないのでこれを選ぶ。

**38.** 正解 **(B)** 　📄 個別情報　☆☆

解説　最後にある Please RSVP with your name and the name of your guest before December 22 in the HR department. を参照。RSVP はフランス語の Répondez s'il vous plaît. の略記で「お返事ください（Please reply.）」の意味。したがって、Reply in advance（事前に返事をする）としている (B) が正解となる。guest は名前を知らせるだけでいいので、「客を同伴する許可を求める」とする (C) は不適。

| 訳 | 設問34〜38は次のメールと回覧に関するものです。

[①メール]
送信者：カレン・ヒル
送信先：ジョージ・ブライソン
件名：(34)忘年会の準備
日付：12月5日

ジョージ

(34)会社の忘年会の場所や他のことを決めるために一度会いましょう。もう12月に入っていて、これから計画するのは少し遅いけれど、遅すぎることはないでしょう。

グランドホテルの宴会場かレストランのパレスで食事をすればどうかと思います。(35)どちらの場所が私たちを収容できるかを確認しなくてはいけませんね。もうひとつの確認事項は、全員が何かしら食べられるように、メニューに(36)さまざまな選択肢があるかどうかということです。たぶん時間制で請求されるので、少なくとも4時間の予約にしようと思っています。2時間では短かすぎるので。

月曜日に会って相談しましょう。全部を決めたらみんなに回覧状を回しましょう。

よろしくお願いします。
カレン

[②回覧]
回覧

差出人：カレン・ヒル
宛先：全社員
件名：忘年会

みなさま

忘年会の詳細をみなさんにお知らせしたいと思います。同伴できるのは21歳以上の1名のみですのでご承知おきください。

今年の忘年会は12月28日(37)午後8時から12時まで、レストランのパレスで開催されます。(37)4種類から選択できる3品のコースの食事です。魚、ビーフ、チキン、ベジタリアン向けから選べます。飲み物は各種用意しています。(37)食事のあとはジャズバンドの生演奏があり、ダンスができるスペースもあります。

レストランの前では係員による駐車サービスを利用できます。服装はフォーマルでお願いします。

(38)12月22日までにあなたの名前と同伴者の名前を人事部までお知らせください。

よろしくお願いします。
カレン

**34.** ヒルさんのブライソンさん宛てのメールの目的は何でしたか。
   **(A) イベントを手配することを彼に思い出させること**
   (B) 彼に会って新年パーティーについて相談すること
   (C) 彼に予約をするよう頼むこと
   (D) パーティーのためのホテルを選ぶように彼に求めること

**35.** ヒルさんとブライソンさんが確認しなければならないことは何ですか。
   (A) 会社のパーティーを開くために空いている日にち
   (B) 食事でベジタリアンの人が何人いるか
   (C) パーティーに参加する人数
   **(D) パーティーができる会場**

**36.** メールの中で第2パラグラフ4行目の「diverse」という単語に最も意味が近いのは
   **(A) 雑多な**
   (B) 特別の
   (C) 独特な
   (D) 変更された

**37.** 回覧の中でパーティーについて述べられていないことは何ですか。
   **(A) 社員は事前にメニューを選んでおかなければならない。**
   (B) 選べる多彩な食事がある。
   (C) 生演奏とダンスフロアが用意される。
   (D) 4時間続く。

**38.** パーティーの出席者は何をしなければなりませんか。
   (A) カジュアルな服装をする
   **(B) 事前に返事をする**
   (C) 客を同伴する許可を求める
   (D) ジョージに会う

### ボキャブラリー

- **end-of-year party** 年末パーティー；忘年会
- **get together** 集まる
- **banquet room** 宴会場
- **accommodate** 他 収容する；要望に合わせる
- **diverse** 形 多様な；さまざまな
- **note that** 〜に留意する
- **beverages** 名 飲み物
- **dress attire** 服装
- **HR department** 人事部
- **attendee** 名 出席者
- **alter** 他 変更する
- **venue** 名 開催場所
- **charge** 自他 請求する
- **vegetarian** 形 菜食主義の
- **perform** 自他 演奏する
- **RSVP** 返事をする
- **organize** 他 手配する
- **distinct** 形 独特な
- **in advance** 前もって

# Questions 39-43

**39.** 正解 **(A)** ● 文書の目的 ☆☆

解説 タイトルに Product Recall とあり、この NOTICE は「製品の回収」を知らせるものであり、製品とは Strawberry Jam であることがわかる。また、処理の方法として The public is urged to not consume the contents of these jars and to discard them immediately. と、「中身を消費しない」ように求めている。したがって、「ある製品を食べないよう人々に警告する」とする (A) が告知の目的として最適である。

**40.** 正解 **(C)** ● NOT 設問 ☆☆

解説 (A)「ジャムの味」は Strawberry Jam に、(B)「ジャムの問題点」は Some of the jars were found to contain pieces of glass. に、(D)「レシートの送り先」は Please send your receipt or jar lid to Hansen's Recall, 20 Mason Drive, Box 736 Kansas City, Kansas 83767. にそれぞれ対応する。(C)「ジャムの値段」だけが記述がないので、これが正解となる。

**41.** 正解 **(B)** ● 個別情報 ☆☆

解説 レター本文の第2文で Will I be refunded for both jars? と「返金してもらえるかどうか」を聞いている。続きを読むと、彼女は瓶を2つ購入して、一方は半分食べ、さらに両方の瓶の中身を捨ててしまったので、念のため確認しているのである。メールを出した理由は (B)「欠陥製品の返金をしてもらうため」が最適である。住所は告知の指示にしたがって記載しているので、(D) のように配送先の住所変更を願い出ているわけではない。

**42.** 正解 **(B)** ● クロスレファレンス ☆☆☆

解説 Sylvia は手紙の最後で They don't seem to be carrying it anymore, as I noticed it was not on the shelves the last time I shopped there. として、「それ（ジャムの瓶）が店の棚に置かれていない」と指摘している。告知のほうを見ると、The product has already been cleared from all supermarket shelves. という記述があり、Hansen は問題のジャムの瓶の「回収を終えている」ことを示唆している。これらから、(B) The recall has been accomplished.（回収は完了している）が正解となる。返金はまだ行われておらず、中断されたわけでもないので、(C) や (D) は誤り。

**43.** 正解 **(D)** ● 個別情報 ☆☆

解説 レターで彼女は I purchased the jars of jam at Mercury Market on Front Street. It's around the corner from me. と書いている。around the corner は「すぐ近く」という意味なので、これを local（近所の）と言い換えて「近所のスーパーマーケットで」としている (D) が正解。

> 訳 設問 39 〜 43 は次の告知とレターに関するものです。

[①告知]
# 告知 (39)製品回収

## (40)ハンセンズ・ストロベリージャム

ハンセンズ・ストロベリージャムの16オンス瓶を買った方に製品回収のお知らせです。(40)<u>一部の瓶にガラスのかけらが入っていました。</u>(39)<u>この瓶の中身を食べずにすぐに廃棄するようにお願いいたします。</u>この商品を買った方はハンセンズにレシートを送れば、返金を受けられるとともに新しい瓶2本がもらえます。レシートがない場合は、捨てる前に瓶の蓋を送ってください。(42)<u>商品はすでにすべてのスーパーマーケットの棚から撤去されています。</u>(40)<u>レシートか瓶の蓋をハンセンズ商品回収係（メイソンドライブ20番地、私書箱736、カンザスシティ、カンザス州83767）まで送ってください。</u>返送先とジャムを買った店の名前、その他ご意見を忘れずにお書きください。

[②レター]
ハンセンズ商品回収係
メイソンドライブ20番地、私書箱736
カンザスシティ、カンザス州83767

ご担当者様

　回収対象になった御社のイチゴジャム16オンス瓶の蓋2枚を同封いたします。(41)<u>2本分を払い戻してもらえるのでしょうか。</u>ひとつは開封済みで回収の知らせを見る前に半分くらい食べてしまいましたが、ガラスは見つかりませんでした。とはいえ、用心に越したことはないので、その瓶と開けていない瓶の中身も捨てました。
　払戻金と新しいジャムは次の住所にお送りください。

　シルビア・ケース
　リリアンウェイ3829番地
　タウンズビル、ペンシルヴァニア州37283

　(43)<u>ジャムを買ったのはフロントストリートのマーキュリーマーケットです。</u>うちのすぐそばです。(42)<u>そこではもうこの商品を扱っていないようです。前回そこで買い物をしたときには棚にこの商品はありませんでしたから。</u>

よろしくお願いします。
シルビア・ケース

**39.** この告知の主な目的は何ですか。
　**(A) ある製品を食べないよう人々に警告する**
　(B) 瓶の蓋を送るように人々に頼む
　(C) ジャム瓶のキャッシュバックについて人々に知らせる
　(D) 製品に対する不満を書くよう人々に伝える

**40.** 告知に述べられていないことは何ですか。
(A) ジャムの味
(B) ジャムの問題点
**(C) ジャムの値段**
(D) レシートの送り先

**41.** シルビア・ケースはなぜ手紙を書いたのですか。
(A) 製品に関する苦情を言うため
**(B) 欠陥製品の返金をしてもらうため**
(C) 製品に関する報告を送るため
(D) 製品を配送してもらう住所を変更するため

**42.** シルビア・ケースの手紙で何が示されていますか。
(A) 回収はまだ完了していない。
**(B) 回収が完了している。**
(C) 返金が行われた。
(D) 返金が中断されている。

**43.** シルビア・ケースはどこでジャムを買いましたか。
(A) カンザスの店から
(B) オンラインショップから
(C) ハンセンズで
**(D) 近所のスーパーマーケットで**

### ボキャブラリー

- □ **recall** 名 回収；リコール
- □ **jar** 名 瓶
- □ **be urged to** ～することが促される
- □ **content** 名 内容
- □ **immediately** 副 ただちに
- □ **lid** 名 蓋
- □ **To Whom It May Concern** ご担当者様
- □ **enclose** 他 同封する
- □ **around the corner from** ～の近くに
- □ **warn** 他 警告する
- □ **rebate** 名 キャッシュバック
- □ **flavor** 名 味
- □ **shipping address** 送付先住所
- □ **suspend** 他 中断する
- □ **purchase** 他 購入する
- □ **contain** 他 含む
- □ **consume** 他 消費する
- □ **discard** 他 捨てる
- □ **refund** 名 返金 他 返金する
- □ **shelves** 名 棚
- □ **nonetheless** 副 にもかかわらず
- □ **particular** 形 特定の
- □ **complaint** 名 苦情
- □ **defective** 形 欠陥のある
- □ **accomplish** 他 完了する

## Questions 44-48

**44.** 正解 **(C)** ✓ 文書の目的 ☆☆

解説 タイトルの Workshops for Artists から、広告は「ワークショップ；研修講座」のものであることがわかる。また、本文中の Whether you're an amateur or a seasoned professional からワークショップの対象者は「アマチュアでも熟練のプロ」でもかまわない。したがって、workshops を special event に言い換えて「アマチュアとプロ双方のための特別な催し」とする (C) が最適。workshops は school（学校）ではないので、(B) は誤り。

**45.** 正解 **(B)** ✓ 分散情報 ☆

解説 lecturers については、第1文に several top artists will be among the guest lecturers. と書かれている。また次の文には Talents such as painters Maggie Teasedale and Tom Firth とある。top artists や talents から、「とても有名な画家だ」とする (B) が正解である。color mixing は Other lectures（別の講義）のテーマなので (A) は不適。

**46.** 正解 **(D)** ✓ 文書の目的 ☆☆

解説 メールの冒頭で I'm interested in joining the art workshop but had a few questions. と書いていて、「参加したいが質問がある」としている。メールの終わりのほうを見ると、I will decide if I will join the course after I hear from you. とあり、彼女の意図は「（質問への）返答を受けてから、コースへの参加を決める」ことである。したがって、(C)「講座に申し込むため」は不適で、(D)「いくつかの質問に答えてもらうため」が正解となる。

**47.** 正解 **(B)** ✓ 個別情報 ☆☆

解説 設問の in the past は第2パラグラフ第1文に出てくる。I've attempted to use acrylic and oil paints in the past but could never really understand how to use them properly. とあり、acrylic and oil paints（アクリル絵の具と油絵の具）を使ったことがわかる。一方、第1パラグラフで彼女は I am a painter who uses only watercolor として、「現在は水彩画専門」であると明かしている。これらから、「異なる手法を試した」とする (B) が正解。

**48.** 正解 **(A)** ✓ クロスレファレンス ☆☆

解説 Janice は Also, I know that the artists you mentioned are very accomplished oil painters and therefore I feel that I can learn a lot from them. として、「広告にある美術家が有名な油彩画家で、多くを学べそうだ」としている。広告には、～ several top artists will be among the guest lecturers. Talents such as painters Maggie Teasedale and Tom Firth will discuss their styles with the attendees. とある。Janice の指摘から、客員講師のうち Maggie Teasedale

と Tom Firth が油彩画家であると判断できる。「客員講師の何人かが油彩画家である」とする (A) が正解となる。(B) の color mixing や (C) の a course for people of all skill levels については、Janice は触れていないので、いずれも誤りである。

|訳| 設問 44 〜 48 は次の広告とメールに関するものです。

［①広告］

## (44) 芸術家のためのワークショップ

ウエストウッド・アートアカデミーは8月3日から8月27日まで夏期特別ワークショップを開催します。(45)(48)客員講師として一流の芸術家も来校されます。著名な画家のマギー・ティーズデールとトム・ファースは、彼らのスタイルについて参加者と意見を交わす予定です。他にも、コンポジション、シュールレアリズム、スケッチ、色の配合についての講義があります。(44)素人でも経験を積んだプロでも、この講座に参加することで技術に磨きをかけることができます。参加するには名前と住所を書いたメールを artworkshop@waa.com に送るだけです。質問があればそれもお書きください。また、当校の講座に参加する動機もお教えください。人数に制限がありますので、すぐにお申し込みください。

受講料：1000ドル
教材費：200ドル

［②メール］
宛先：artworkshop@waa.com
送信者：ジャニス <jwarner@dellon.org>
件名：アートワークショップ

こんにちは

(46)アートワークショップに参加したいと思っていますが、いくつか質問があります。(47)私は水彩だけで絵を描いているのですが、他の方法も学ぶためにワークショップに参加しようと思います。どのような種類の絵の具を取り上げるのか教えていただけますか。また私は自分の道具を持っています。その場合でも、教材費を支払わなくてはなりませんか。

(47)私はこれまでにアクリル絵の具と油絵の具を使ってみましたが、正しい使い方がいまひとつわかりませんでした。それらの使い方をもっとよく理解したいと思います。これがこの講座に参加しようと思った理由です。(48)また、広告に出ていた画家の人たちはとても優れた油彩画家なので、彼らから多くを学べるだろうと期待しています。

(46)お返事をいただいてから講座への参加を決めるつもりです。

どうぞよろしくお願いします。

ジャニス・ワーナー

**44.** この広告は何のためのものですか。
(A) 絵を描くための特別な方法
(B) 芸術家のための新しい学校
**(C) アマチュアとプロ双方のための特別な催し**
(D) 有名芸術家による実演

**45.** 客員講師についてどのようなことが示されていますか。
(A) 色の配合について話す。
**(B) とても有名な画家だ。**
(C) 以前何回も講義をした。
(D) 参加者たちと顔見知りだ。

**46.** このメールの目的は何ですか。
(A) 催しの支払明細を得るため
(B) 異なる絵の描き方を提案するため
(C) 講座に申し込むため
**(D) いくつかの質問に答えてもらうため**

**47.** ジャニス・ワーナーは過去に何をしましたか。
(A) アートワークショップに参加した
**(B) 異なる手法を試した**
(C) 油絵をマスターした
(D) 水彩だけで描いた

**48.** ジャニス・ワーナーは広告で何に気づきましたか。
**(A) 客員講師の何人かが油彩画家である。**
(B) 色の配合の講座が提供されている。
(C) それはすべての技能水準の人々のための講座である。
(D) 水彩の講座がある。

ボキャブラリー
- **workshop** 名 ワークショップ；研修会
- **attendee** 名 出席者
- **composition** 名 コンポジション；構成様式の絵画
- **surrealism** 名 シュールレアリズム；超現実主義
- **seasoned** 形 熟練の
- **improve** 他 向上させる
- **skills** 名 技能
- **supplies** 名 道具；材料
- **medium** 名 方法；材料
- **go over** 〜を取り上げる；〜を調べる
- **fee** 名 料金
- **acrylic** 形 アクリル性の
- **properly** 副 適切に
- **accomplished** 形 熟達した
- **well-known** 形 有名な
- **sign up for** 〜に登録する

TEST 3

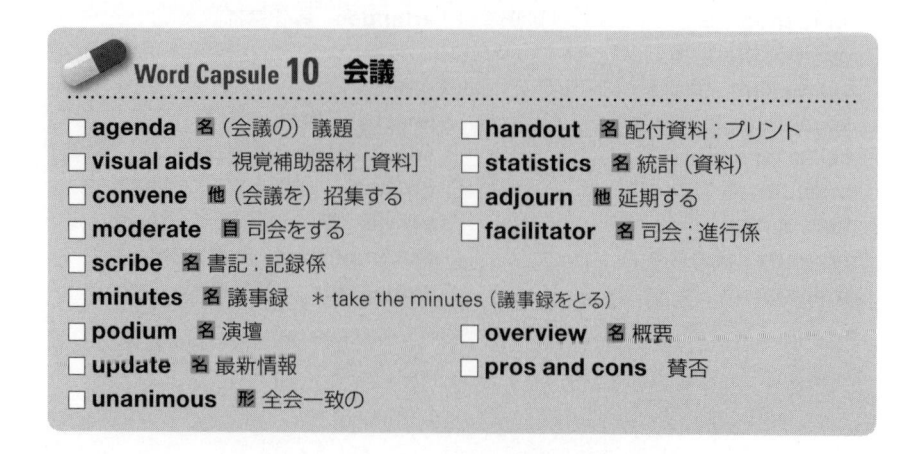

### Word Capsule 10　会議

- **agenda** 名（会議の）議題
- **visual aids** 視覚補助器材［資料］
- **convene** 他（会議を）招集する
- **moderate** 自 司会をする
- **scribe** 名 書記；記録係
- **minutes** 名 議事録　＊ take the minutes（議事録をとる）
- **podium** 名 演壇
- **update** 名 最新情報
- **unanimous** 形 全会一致の
- **handout** 名 配付資料；プリント
- **statistics** 名 統計（資料）
- **adjourn** 他 延期する
- **facilitator** 名 司会；進行係
- **overview** 名 概要
- **pros and cons** 賛否

# TEST 4
正解・解説

## Questions 1-2

**1. 正解 (A)** ✓ 文書の目的 ☆

解説　タイトルの Teeno's cornflakes flash sale / Every box only $1.00 から「コーンフレークのセール」で、すべての箱が10ドルの割引価格で提供されることがわかる。cornflakes も cereal（シリアル）なので A discount on cereal とする (A) が正解。

**2. 正解 (B)** ✓ 分散情報 ☆

解説　This flash sale will happen on Friday, September 12, between the hours of 10:00 a.m. and 3:00 p.m. only. から、セールは1日かぎりで、時間は午前10時から午後3時までである。ここから「週末中」とする (C) や「1日中」とする (D) を除外できる。また、Come early to be sure that there will be stock on hand. から、商品を手に入れるには早めに行かなければならない。つまり午前10時に店に行くのがベストなので、「客は午前10時に行ったほうがいい」とする (B) が正解である。

訳　設問1〜2は次のお知らせに関するものです。

### ⑴ ティーノズ・コーンフレークの即売セール
### すべてのボックスがたった1ドル

ティーノズの新しいシリアル製品を並べるために、当店はティーノズのコーンフレークの在庫を1日ですべて売り切ります！　⑵ この即売セールは9月12日金曜日の午前10時から午後3時までにかぎり行います。ぜひその日に当店にお越しいただき、1回だけのセールをご利用ください。⑵ 在庫があるうちに早めにお越しください。
* お客様おひとり2品とさせていただきます。

ベイリーズでのお買い物をありがとうございます。

1. このお知らせは何のためのものですか。
   **(A) シリアルの割引**
   (B) コンテスト
   (C) コーンフレークの払い戻し
   (D) 無料のコーンフレーク

2. このセールについて何が示されていますか。
   (A) 客は可能なだけ買うことができる。
   **(B) 客は午前10時に行ったほうがいい。**
   (C) それは週末中行われる。
   (D) それは1日中行われる。

ボキャブラリー

- **flash sale** 即売セール
- **make room for** 〜のための空きをつくる
- **cereal items** シリアル製品
- **entire** 形 すべての
- **take advantage of** 〜を利用する
- **on hand** 手元に
- **refund** 名 返金

## Word Capsule 11　買い物・マネー

- **expiration date** （クレジットカードなどの）有効期限
- **valid** 形 有効な ＊invalid（無効な）
- **acceptable** 形 （クレジットカードなどが）使える
- **installment payment** 分割払い
- **checkout** 名 支払い；チェックアウト
- **due date** 支払期限
- **refund** 名 返金 他 返金する
- **exchange / replacement** 名 交換
- **warranty** 名 保証書
- **defect** 名 欠陥
- **flaw** 名 欠陥；不備
- **misuse** 名 誤用
- **complaint** 名 クレーム；苦情
- **incur** 他 （損害などを）招く；負う
- **be liable for** 〜に責任がある

# Questions 3-4

### 3. 正解 (A) 推測問題 ☆☆

**解説** 表中の会議スケジュールの内容からは選択肢を絞れない。最後に書かれている Please initial the copy of the schedule and return it to the manager by March 30 (スケジュールのコピーにイニシャルのサインをして3月30日までにマネジャーに戻してください) に注目。ここからスケジュールは社内で回覧されていることが推測できる。したがって、Employees (社員) とする (A) が正解となる。

### 4. 正解 (D) 個別情報 ☆

**解説** 4時にある Matthew will discuss changing the budget requirements for upcoming projects は「今後のプロジェクトに向けた予算要件の変更」が話のテーマ。budget requirements を budget needs に、upcoming projects を future projects に言い換えた (D) が正解である。(A) は、as is が「現状のまま」の意味で、「現予算の現状維持」となり誤り。(B) の「将来の展望」は2時からのテーマだが、「社内における研究開発」が対象なので、(B) も誤りである。

**訳** 設問3～4は次のスケジュールに関するものです。

**ゲートウェーモーターズの会場のスケジュール (4月4日の会議)**

| 午前 10:00 | マレーCEOのスピーチ。車のデザインにおける新しいトレンドについて |
|---|---|
| 正午 | スターライト・バンケットルームで2時間の昼食休憩 |
| 午後 2:00 | 社内における研究開発およびその将来的展望。ジョエル・シュミットが発表 |
| 午後 4:00 | マシューより、今後のプロジェクトに向けた予算要件の変更について [4] |
| 午後 5:00 | 新製品および既存製品の販売および販売促進についての質疑応答。担当、シャーロット・ベイカー |
| 午後 7:00 | レストラン、シェ・レオンにて閉会の夕食 |

[3] スケジュールのコピーにイニシャルでサインし、3月30日までにマネジャーに戻してください。

**3.** このスケジュールはおそらくだれのものでしょうか。
   **(A) 社員**
   (B) 株主
   (C) 競合相手
   (D) 販売業者

**4.** この会議では何が話し合われますか。
   (A) 現予算の現状維持
   (B) 業界の将来の展望
   (C) マーケティングの新しいトレンド
   **(D) 今後のプロジェクトに必要となる予算**

### ボキャブラリー
- **conference** 名 会議
- **requirement** 名 要件
- **initial** 他 イニシャルでサインする
- **competitor** 名 競合相手
- **current** 形 現在の
- **outlook** 名 展望
- **upcoming** 形 来るべき
- **stockholder** 名 株主
- **distributor** 名 販売業者

---

### Word Capsule 12　不動産

- **realty firm**　不動産会社
- **real estate**　不動産　＊property も使う。
- **premises**　名（複数で）敷地；家屋；建物
- **subdivision**　名 分譲地
- **down payment**　頭金
- **rent**　名 家賃　他 賃借する
- **landlord**　名 家主；大家
- **refurbish**　他 改装する；リフォームする　＊renovate、remodel とも。
- **amenity**　名 アメニティ；生活を快適にする設備
- **utilities**　名 公共料金
- **relocate**　自 引っ越しをする　＊move も使う。
- **mortgage**　名 住宅ローン；担保
- **floor plan**　間取り
- **tour**　名 内覧
- **residence**　名 住居

# Questions 5-7

**5.** 正解 **(D)** 分散情報 ☆☆

解説 冒頭の Seeking a full-time manager who can manage three office buildings downtown that contain 20 offices each. より、「オフィスビルを管理する」仕事である。office buildings を commercial facilities に言い換えた (D) が正解となる。full-time とあることから、part-time とする (A) は誤り。

**6.** 正解 **(D)** NOT 設問 ☆☆

解説 (A)「料金の徴収」は collect rental payments に、(B)「すべての修理の手配」は Arranging maintenance and repairs with local companies に、(C)「空き部屋を賃貸に出すこと」は leasing the space にそれぞれ対応する。(D)「注文をとること」だけが記述がないので、これが正解である。

**7.** 正解 **(B)** 個別情報 ☆

解説 someone who wants the job の類似表現 interested candidates がある最後の Interested candidates please send a résumé with a cover letter to job@corse.com. を参照。履歴書とカバーレターはメールアドレスに送るように指示されている。したがって、(B)「メールを送る」が正解。

訳 設問 5〜7 は次の求人広告に関するものです。

## 不動産管理者募集――コース不動産

⁽⁵⁾各20の事務所が入居する都心のオフィスビル3棟を管理する常勤のマネジャーを求めています。主な業務は ⁽⁶⁾空き物件の賃貸の担当、⁽⁶⁾賃貸料の徴収、オーナーと賃借人の間の連絡業務です。

**その他の業務：**
- 敷地周辺の区画規則、交通、駐車状況の把握
- 不動産税を含む建物の全関連費用の支払いの調整
- ⁽⁶⁾地域の企業を利用した管理・修理の手配

**必要条件：**
- 優れた交渉力とコミュニケーション能力
- 協調性
- ビジネスにふさわしい服装で身だしなみを整えていること
- コンピュータと表計算ソフトの技能
- 時間を守れること

⁽⁷⁾興味のある応募者はカバーレターを添えた履歴書を job@corse.com へ送付してください。電話は受け付けておりません。

5. このポストについて何がわかりますか。
   (A) パートタイムの仕事である。
   (B) 経営チームに属する。
   (C) 物件を販売することが求められる。
   **(D) 商用施設を管理することが求められる。**

6. 業務として挙げられていないものは何ですか。
   (A) 料金の徴収
   (B) すべての修理の手配
   (C) 空き部屋を賃貸に出すこと
   **(D) 注文をとること**

7. この仕事を希望する人は何をしなければなりませんか。
   (A) 書留郵便を送る
   **(B) メールを送る**
   (C) この会社に電話する
   (D) 面会の約束をする

### ボキャブラリー

- **property** 名 不動産
- **contain** 他 含む
- **in charge of** ～を担当して
- **liaison** 名 連絡係
- **tenant** 名 賃借人；テナント
- **zoning rules** 区画規制
- **coordinate** 他 調整する
- **repair** 名 修理
- **well-groomed** 形 身だしなみのいい
- **spreadsheet** 名 表計算
- **registered** 形 書留の
- **seek** 他 求める
- **duty** 名 業務
- **lease** 他 賃貸する
- **landlord** 名 家主
- **keep track of** ～の経過を追う
- **premises** 名 敷地
- **maintenance** 名 保守管理
- **required** 形 必要な
- **attire** 名 服装
- **punctuality** 名 時間に正確であること

## Questions 8-9

**8.** 正解 **(C)** 　●個別情報　☆

解説　第2パラグラフにある But this year I decided to add something new: Live music. に注目。「今年違う＝新しい」ことは「生演奏」である。live music を performance に言い換えた (C) が正解となる。

**9.** 正解 **(D)** 　●NOT 設問　☆☆

解説　(A)「催しが終わる時刻」は We'll wrap things up at around 8:00 p.m. に、(B)「必要な食べ物の量について確認すること」は We need to estimate the amount of food we'll need. に、(C)「会社の休日」は the next day is a company holiday にそれぞれ対応する。(D)「会社の創立記念日」だけが記述がないのでこれが正解。

訳　設問 8 ～ 9 は次のメールに関するものです。

送信元：ウェスリー・ヒギンズ
宛先：全社員
件名：社内ピクニック
日付：7月18日

社員のみなさん

夏も盛りとなり、気候もよく、毎年恒例の夏のピクニックに最適の時期となりました。7月30日日曜日を予定しています。(9)翌日が会社の休日なので、みなさんは後でゆっくり休むことができます。

ピクニックは午前11時開始で、いつものように無料の食べ物、飲み物、賞品つきのゲームを用意します。(8)しかし、今年は新しいものも加えることにしました。生演奏です。ジミー・ジャム・バンドに演奏をお願いしていますので、ぜひお楽しみください。(9)午後8時ぐらいに終了の予定です。

家族の方もお連れください。ただし、同伴者の人数を人事課のフランになるべく早く連絡してください。(9)食べ物がどれくらい必要かを見積もらなければなりません。

ありがとうございます。
どうぞよろしく。
ウェス

**8.** 今年が違う点は何ですか。
   (A) ゲームに賞品が出る。
   (B) 無料の飲食物が出る。
   **(C) 演奏がある。**
   (D) ゲームがある。

**9.** メールで述べられていないことは何ですか。
   (A) 催しが終わる時刻
   (B) 必要な食べ物の量について確認すること
   (C) 会社の休日
   **(D) 会社の創立記念日**

### ボキャブラリー

- in the midst of　〜のさなかで
- annual　形 年に1度の
- wrap 〜 up　〜を終える
- estimate　他 見積もる
- anniversary　名 創立記念日
- fantastic　形 すばらしい
- entertain　他 楽しませる
- personnel　名 人事部
- beverages　名 飲み物

---

### Word Capsule 13　海外旅行

- itinerary　名 旅行計画；旅程表
- destination　名 目的地
- transfer　名 乗り換え
- baggage claim　（空港などの）手荷物受取所
- carousel　名（手荷物受取所の）回転式コンベア
- turbulence　名（飛行機の）揺れ
- refreshments　名 軽い飲食物　＊snack（軽食）
- immigration form　入国フォーム
- customs declaration form　税関申告フォーム
- lost and found　遺失物取扱所
- jet lag　時差ぼけ
- landmark　名 歴史的建造物；(道案内の) 目印
- fare　名 運賃　＊「料理」の意味も。
- duration　名 飛行時間；継続時間
- accommodations　名 宿泊施設

## Questions 10-12

**10.** 正解 **(C)** ✓個別情報 ☆

解説 ヒーターの状態は3種類に分けて書かれている。設問は most of the heaters と指定しているので、一番数の多い4機のヒーターの状態を確認する。the other four seem to be overheating から、「熱くなりすぎる」のが問題ということ。overheating を get too hot と言い換えた (C) が正解である。

**11.** 正解 **(D)** ✓分散情報 ☆☆

解説 Our crews will be working on this problem ～に注目。このメモを書いている Paulson は送信欄より Maintenance（保守管理部）の manager なので Our crews は同じ部署のスタッフであるはず。したがって、「ポールソンのスタッフが作業に当たる」としている (D) が正解となる。(A)「修理の間、いくつかの機器は作動し続ける」は we will have to shut down all the heating units in the building より誤り。(C)「修理は夕刻に終わる」は We are hoping to solve the problem by Tuesday morning. という記述だけからはわからないので、これも不適当である。

**12.** 正解 **(B)** ✓個別情報 ☆

解説 Mr. Paulson は Therefore we advise you to dress warmly on that day. で、社員に「暖かい服装をする」ように求めている。「暖かい服を着る」としている (B) が正解である。

訳 設問 10 ～ 12 は次のメモに関するものです。

**メモ**

宛先：全社員
差出人：保守管理部
件名：暖房設備の不具合

みなさま

複数の社員の方から、4階のヒーターについての苦情がありました。まともに動いているのは1機だけのようです。2機はまったく動かず、**(10)** 他の4機は熱くなりすぎるようです。**(11)** 当部の作業員が来週の月曜日、1月10日にこの問題の解決に当たります。当日は修理工事のため建物内の暖房設備をすべて止めなければなりません。そのため、**(12)** この日は暖かい服装をするようにお願いします。デスク近くで使う小さな個人用ヒーターを用意する予定です。火曜日の朝までには故障が直っているはずです。
ご協力ありがとうございます。

よろしくお願いいたします。
レイ・ポールソン
保守管理部長

**10.** ほとんどのヒーターの問題は何ですか。
　(A) まったく動かない。
　(B) ゆっくり動いている。
　**(C) 熱くなりすぎる。**
　(D) 寒すぎる。

**11.** 修理について何が示されていますか。
　(A) 修理の間もいくつかの機器は作動し続ける。
　(B) 修理には3日以上かかる。
　(C) 修理は夕刻に終わる。
　**(D) ポールソンのスタッフが修理に当たる。**

**12.** ポールソンさんは社員にどうしてほしいですか。
　(A) 建物から離れる
　**(B) 暖かい服を着る**
　(C) 個人用のヒーターを持ってくる
　(D) 他の階に移る

#### ボキャブラリー
- faulty　形 欠陥のある
- complaint　名 苦情
- work properly　適切に作動する
- shut down　〜を停止する
- cooperation　名 協力
- heating units　暖房設備
- apparently　副 どうも〜らしい
- overheat　自 加熱する
- therefore　副 そのため

## Questions 13-15

**13.** 正解 **(C)** ✓ 分散情報 ☆

解説 new product である Wireless Buds は、Wireless Buds are micro <u>headsets that are form-fitting buds that fit snugly into the ear canal.</u> から「超小型のヘッドホン」である。headsets を listening devices と言い換えた (C) が正解となる。なお、Contact: Lyle Peterson の contact はプレスリリースの「問い合わせ先」の意味なので、(A) はすぐに除外できるはず。(B) は regular（従来型の）が不適切。

**14.** 正解 **(D)** ✓ 個別情報 ☆☆

解説 新製品の Wireless Buds の特徴についての記述を探す。They provide the ultimate sound experience and are noise-cancelling. の ultimate sound から「音がすばらしい」。また、The buds are made of soft silicone, and are not visible to others. の not visible から「見えないくらい小さい」。この２つの特徴を組み込んだ (D)「小型だが音が良い」が正解である。

**15.** 正解 **(B)** ✓ 単語問題 ☆☆☆

解説 inconspicuous は We wanted to create something that was more dynamic than regular headsets but much more <u>inconspicuous</u>. で使われている。これは Wireless Buds の特徴について述べたもので、前問で引いた not visible の言い換えであると文脈から推測することも可能。inconspicuous は conspicuous（目立つ）に接頭辞 in（～でない）が付いて「目立たない」という意味である。選択肢はそれぞれ (A) blurry（ぼやけた）、(B) imperceptible（感知できない）、(C) vague（あいまいな）、(D) indefinite（不明瞭な）で、(B) が最適である。

> 訳　設問 13 〜 15 は次のプレスリリースに関するものです。

*即日発表向け*
2月1日
問い合わせ先：ライル・ピーターソン、広告代理店

### デスター社の新製品発売とウェブサイト立ち上げ

ロサンゼルス発：デスターは新しい双方向ウェブサイトを立ち上げるとともに新製品ワイヤレスバッズを発売する予定だ。<u>(13) ワイヤレスバッズは、耳に心地よく収まりぴったりフィットする超小型のヘッドホンだ。</u><u>(14) 最高のサウンドを味わうことができ、雑音排除機能も備えている。このヘッドホンはソフトシリコン製で、他人にはつけていることがわからない。</u>好きなものを好きなところで、自分の世界にひたって聞くことができる。
ジェイソン・デスターCEOは次のように述べている。「普通のヘッドホンよりも強力だが、<u>(15) 目立たない</u>製品を作ろうと思いました。この製品なら、音楽を聞いているか他のことをしているか他人はまったくわかりません。競合会社が真似のできない新製品です」。
ワイヤレスバッズとウェブサイトは3月1日に登場する。

詳しい情報はライル・ピーターソンまで。

# # #

**13.** このプレスリリースについて何が正しいですか。
(A) それはライル・ピーターソンを紹介する。
(B) それは従来型のヘッドホンを発表する。
**(C) それは新しい聴取機器を発表する。**
(D) それはワイヤレス機器を紹介する。

**14.** 製品の特別なところは何ですか。
(A) とても安価だ。
(B) 音が良く、コードが細い。
(C) 魅力的な外観だ。
**(D) 小型だが音が良い。**

**15.** 第2パラグラフ3行目の「inconspicuous」という単語に最も意味が近いものは
(A) ぼやけた
**(B) 感知できない**
(C) あいまいな
(D) 不明瞭な

> ボキャブラリー

- □ **immediate** 形 即座の
- □ **launch** 名 発売；スタート 他 発売する；開始する
- □ **interactive** 形 双方向の
- □ **headsets** 名 ヘッドホン
- □ **snugly** 副 快適に
- □ **ultimate** 形 究極の
- □ **silicone** 名 シリコン
- □ **complete** 形 完全な
- □ **competitor** 名 競合相手
- □ **attractive-looking** 形 魅力的な見かけの
- □ **blurry** 形 ぼやけた
- □ **vague** 形 あいまいな
- □ **contact** 名 問い合わせ先
- □ **bud** 名 つぼみ状の機器
- □ **form-fitting** 形 ぴったり合った
- □ **ear canal** 外耳道
- □ **noise-cancelling** 形 雑音を排除する
- □ **visible** 形 見える
- □ **inconspicuous** 形 目立たない
- □ **inexpensive** 形 安価な
- □ **imperceptible** 形 感知できない
- □ **indefinite** 形 不明瞭な

## Questions 16-19

**16.** 正解 **(C)** ✅ 個別情報 ☆☆

解説 From April は広告本文の第 2 文にある。From April, we will have fewer baggage restrictions and offer more low-cost flights. から、4 月から提供されるものは fewer baggage restrictions（手荷物制限の緩和）と more low-cost flights（より多くの低価格フライト）である。前者を Fewer rules（少なくなる規則）と言い換えた (C) が正解となる。

**17.** 正解 **(D)** ✅ 個別情報 ☆☆

解説 regular passengers は As always, you can enjoy more leg room in our premium economy seats, which are offered to our regular passengers at discounted prices, and free meals and drinks. で使われている。「一般の乗客」に提供されるのは「シートにおける足元の余裕」である。これを Better seats と言い換えた (D) が正解。

**18.** 正解 **(C)** ✅ 個別情報 ☆

解説 表の上の注意書きに、*all discounted flights are limited to weekday departures and returns. と書かれている。割引フライトは weekday departures and returns（平日の出発および帰着）にかぎられるということなので、(C) の「平日に飛ぶ」が正解である。

**19.** 正解 **(A)** ✅ 推測問題 ☆☆

解説 最後に Please mention code RS-adNEWS to get an additional 10% discount on any flight. という注意書きがあるように、コードを提示すればすべてのフライトが 10％引きになる。10％引きで 540 ドルなので、これで乗れるのは 600 ドルのフライトまでである。4 月と 5 月で 600 ドル以下のフライトは New York to Paris、したがって (A) が正しい。

訳 設問 16 〜 19 は次の広告に関するものです。

### ジェットクラウド航空
### いつも空高く飛ぶ

次回は当社のフライトをご利用ください。新しいサービスを数多く揃えております！ 4月から
(16) 手荷物制限を緩和し、より多くの低価格フライトを提供しています。5月からはマイレージポイントを割り増しでお付けします。いつものように、プレミアム・エコノミークラスでは割引価格の一般の乗客のみなさまにも、(17) ゆったりした足元スペースを提供し、無料のお食事とお飲み物をご用意しております。
次にフライトサービスのごく一部をご紹介します。今日にも休暇のご予約のお電話を！

(18)* 割引フライトはすべて平日の出発および帰着に限られます。

| ニューヨーク発パリ行き | 4月より600ドル[19] |
|---|---|
| ニューヨーク発ミラノ行き | 5月より720ドル |
| ロサンゼルス発ニューヨーク行き | 6月より450ドル |
| ロサンゼルス発東京行き | 7月より630ドル |

[19] 全フライトに適用される10パーセント割引を利用する場合は、コード RS-adNEWS をご提示ください。 一定の制限が適用されます。

**16.** ジェットクラウド航空は4月から何を提供しますか。
 (A) エコノミークラスでのさらにゆったりした足元スペース
 (B) 割り増しのマイレージポイント
 **(C) 少なくなる規則**
 (D) 無料の飲食物

**17.** 一般の乗客は何の提供を受けますか。
 (A) 無制限の手荷物
 (B) 週末の飛行便の割引
 (C) ホテルの部屋の割引
 **(D) より良い座席**

**18.** 割引飛行便を希望する乗客は何をしなければなりませんか。
 (A) 早めに飛行便の予約をする
 (B) 前金を支払う
 **(C) 平日に飛ぶ**
 (D) プレミアムシートを予約する

**19.** 顧客は5月に540ドルでどのフライトを利用できますか。
 **(A) ニューヨーク発パリ行き**
 (B) ニューヨーク発ミラノ行き
 (C) ロサンゼルス発ニューヨーク行き
 (D) ロサンゼルス発東京行き

ボキャブラリー
- baggage 名 (手) 荷物
- awarding 形 (特典などを) 与える
- mileage credits マイレージ
- departures 名 出発
- additional 形 追加の
- apply 自 適用される
- restriction 名 制限
- generous 形 気前のいい
- leg room 足元の余裕
- mention 他 言う : 挙げる
- certain 形 一定の

## Questions 20-23

**20.** 正解 **(D)** ✓個別情報 ☆

解説 招待状の対象者については、第1パラグラフの regular customers（お得意様）や It's our way of saying thank you for your patronage.（みなさまのご愛顧に感謝の意を表す次第です）から、「日頃から愛顧いただいている顧客」であることがわかる。「貴重な顧客のための食事会」とする (D) が正解。

**21.** 正解 **(B)** ✓分散情報 ☆

解説 第1パラグラフに While you dine on a five-course meal with your choice of entrée とあることから、entrée（主菜）は「選択ができる」。entrée を main dish に言い換えた (B) が正解である。a five-course meal（5品のコース）なので (A) は誤り。

**22.** 正解 **(C)** ✓単語問題 ☆☆

解説 patronage は「（顧客の）愛顧」の意味で使われている。「継続的な商取引がある」ということなので、(C) business（商取引）が一番近い。他の選択肢は (A) audience（聴衆）、(B) civility（礼儀）、(D) promotion（販売促進）。

**23.** 正解 **(C)** ✓個別情報 ☆

解説 最後のパラグラフに No RSVP necessary.（出欠の返信不要）、Please arrive at least 30 minutes prior in order to ensure a seat.（席を確保するために30分前には来場ください）、No phone calls, please.（電話をしないでください）と書かれている。2つ目を Get there earlier と言い換えた (C) が正解。

| 訳 | 設問 20 〜 23 は次の招待状に関するものです。

## 特別ディナー
**9月13日午後7時**
**ホッパーズ・バンケットルーム**

9月13日の特別ディナーにぜひお越しいただきたくご招待申し上げます。この席で、高級家庭用機器の新製品の数々をお披露目したいと存じます。<sup>(21)</sup> メインディッシュが選択できる5品のコース料理をお召し上がりいただく間、当社CEOが最新製品について簡単なプレゼンテーションをいたします。今回のディナーは当社の <sup>(20)</sup> お得意様のためにご用意いたします。<sup>(20)</sup> みなさまの<sup>(22)</sup> ご愛顧に感謝の意を表す次第です。

ディナーで紹介される商品の先行予約をご希望のお客様には、お買い物がさらに15パーセント割引となります。また、先行予約の商品については配送料も無料とさせていただきます。

みなさまにお目にかかることを楽しみにしております。<sup>(23)</sup> 出欠のご返信は不要です。お席を確保するために30分前にはご来場ください。お電話はご遠慮ください。

**20.** これは何の招待ですか。
　　(A) 新しい家の食事会と発表会
　　(B) 評価の高い社員のための食事会
　　(C) 営業会議を兼ねた食事会
　　**(D) 貴重な顧客のための食事会**

**21.** 食事会について何が示されていますか。
　　(A) 出席者は10品のコース料理を食べることができる。
　　**(B) 出席者は主菜を選ぶことができる。**
　　(C) 出席者は食事の割引を受けられる。
　　(D) 出席者は製品の無料サンプルを受け取ることができる。

**22.** 第1パラグラフ7行目の「patronage」という単語に最も意味が近いのは
　　(A) 聴衆
　　(B) 礼儀
　　**(C) 商取引**
　　(D) 販売促進

**23.** 座席を確保するために客は何をすべきですか。
　　(A) 返信する
　　(B) 事前に電話する
　　**(C) 早めに到着する**
　　(D) 予約する

**ボキャブラリー**

- **exclusive** 形 高級な
- **cordially** 副 心をこめて
- **gadget** 名 小型の便利な機器
- **patronage** 名 愛顧
- **purchase** 名 購入
- **RSVP (= Répondez s'il vous plaît.)** お返事ください
- **prior** 副 前に
- **valued** 形 価値のある
- **banquet room** 宴会場
- **luxury** 形 高級な；ぜいたくな
- **entrée** 名 主菜；メインディッシュ
- **additional** 形 追加の
- **shipping** 名 配送
- **ensure** 他 確保する

## Word Capsule 14 契約

- **comply with** ～を順守する；～に従う ＊abide by も同意。
- **conform to** ～に適合する；～に従う
- **stipulate** 他 規定する
- **restrict** 他 制限する；拘束する
- **deem** 他 ～とみなす
- **seal** 他 調印する ＊seal the deal（契約を結ぶ）
- **take effect** （契約書・法律が）発効する
- **execute** 他 行使する
- **fulfill** 他 履行する
- **grant** 他 許可する；承諾する
- **breach** 他 違反する；侵害する 名 違反；侵害
- **draft** 名 草稿；ドラフト
- **obligation** 名 義務
- **exclusive** 形 独占的な
- **disclaimer** 名 免責条項

## Questions 24-28

**24.** 正解 **(C)** 分散情報 ☆☆

解説 第1パラグラフ第1文の IT is the source of business intelligence, and is constantly evolving at a very rapid rate. に注目。evolve は「進化する」という意味で、IT（情報技術）は「たえずきわめて速く進化している」と書かれている。constantly を always に、at a very rapid rate を quickly に、evolve を change にそれぞれ言い換えた (C) が正解となる。第2文より「病気を根絶する」のは将来の予測なので、「いつも病気を根絶する」とする (D) は不適。

**25.** 正解 **(D)** 個別情報 ☆☆

解説 設問の in a few years の類似表現は第1パラグラフの Those who look ahead at the future of IT believe that in a few short years the technology we've acquired will help to eradicate 95% of the diseases that affect the developing world, and lengthen our lifespans. に使われている。技術ができるのは「疾病の95パーセントを根絶する」こと。これを「テクノロジーが病気をなくす手助けをする」と言い換えた (D) が正解である。diseases は illness に言い換えられている。

**26.** 正解 **(B)** NOT 設問 ☆☆

解説 (A)「感情を持つようになる」は be able to feel に、(C)「より人間に近くなる」は have human-like gestures に、(D)「知識を手に入れる」は be able to learn にそれぞれ対応する。(B)「会話ができるようになる」だけが記述がないので、これが正解である。

**27.** 正解 **(D)** 個別情報 ☆☆

解説 設問の demand は第2パラグラフの There will be demand for those who are especially skilled in highly technical positions. に使われている。需要があるのは「高度な技術職に就く特殊技能者」である。これを IT skilled workers と言い換えた (D) が正解。

**28.** 正解 **(A)** 個別情報 ☆☆

解説 第3パラグラフの as companies are already competitively creating software that makes it easier for people to shop from their smartphones. を参照。何社かの会社がすでにしていることは「スマートフォンで買い物をしやすくするソフトの開発」である。選択肢の表現はまぎらわしいが、正確に読めば (A)「電話のための買い物ソフトウェアの開発」が正しいことがわかる。

**訳** 設問 24 〜 28 は次の記事に関するものです。

(24) IT（情報技術）はビジネス・インテリジェンスの源泉であり、たえずきわめて速く進化しています。(25) ITの将来像を予測する人々は、今後数年の間に、すでに手に入れているテクノロジーによって、発展途上国が悩まされている疾病の95パーセントが根絶され、人間の寿命も延びるであろうと考えています。将来の新しいコンピュータシステムは情報を供給するだけではなく、(26) 学習したり、(26) 人間のような動きをしたり、(26) 感情を持つことさえできるでしょう。

しかし、もっと重要なのは、IT分野の急速な成長によってますます多くの雇用が生まれることです。(27) 高度な技術職に就く特殊な技能をもった人々の需要が高まるでしょう。例えば、データ・サイエンティスト、ソーシャルメディアおよびモバイル技術の専門家、ソフトウェア開発者、ネットワーク・エンジニアなどです。

(28) 企業はすでにスマートフォンで簡単に買い物ができるようになるソフトウェアの開発を競って行っているため、電子商取引も短期間で飛躍的に発展するでしょう。全体的に言って、新しいテクノロジーを利用する将来を考えるとき、常時接続は当然のものとなるでしょう。

24. ITについて何が正しいですか。
    (A) 予測することができない。
    (B) ついていくことができない。
    **(C) いつもすぐに変化する。**
    (D) いつも病気を根絶する。

25. 記事によると、数年後に何が起こりますか。
    (A) 開発途上国が新しいテクノロジーを開発する。
    (B) あまりに多くの仕事に空きができる。
    (C) コンピュータがウイルスに感染する。
    **(D) テクノロジーが病気をなくす手助けをする。**

26. 将来のコンピュータシステムについて述べられていないことは何ですか。
    (A) 感情を持つようになる。
    **(B) 会話ができるようになる。**
    (C) より人間に近くなる。
    (D) 知識を手に入れる。

27. 将来、何の需要が生まれますか。
    (A) 経験豊かな管理職
    (B) 新しいテクノロジー
    (C) スマートフォンの店
    **(D) IT技能を備えた労働者**

**28.** 一部の企業がすでに行っていることは何ですか。
  **(A) 電話のための買い物ソフトウェアの開発**
  (B) 買い物用の新しい電話の開発
  (C) 電話によるソフトウェアの販売
  (D) ソーシャルメディアのためのソフトウェアの開発

### ボキャブラリー
- **intelligence** 名 知性
- **evolve** 自 進化する
- **rate** 名 速度
- **acquire** 他 獲得する
- **disease** 名 疾病；病気
- **lifespan** 名 寿命
- **employment** 名 雇用
- **e-commerce** 名 電子商取引
- **by leaps and bounds** 飛躍的に
- **overall** 副 全体的に言って
- **predict** 他 予測する
- **infect** 他 感染する
- **illness** 名 病気
- **constantly** 副 たえず
- **rapid** 形 速い
- **look ahead** 先を見る
- **eradicate** 他 根絶する
- **affect** 他 〜に影響を与える
- **provide** 他 提供する
- **be skilled in** 〜の技能のある
- **improve** 自 進歩する
- **competitively** 副 競争しながら
- **constant connectivity** 常時接続
- **keep up with** 〜についていく
- **virus** 名 ウイルス
- **conversational** 形 会話ができる

## Questions 29-33

**29.** 正解 **(C)** ✓ 文書の目的 ☆

解説 Notice の第 1 文は There is a list in the employee lounge that has the weekly chores on it and the name of the employee responsible for each chore. となっていて、「雑務の担当のリスト」を案内している。続いて、雑務の担当やローテーション、怠った場合の処置などが述べられている。したがって、(C) To assign certain tasks to employees（社員に何らかの作業を割り当てる）が最適。

**30.** 正解 **(D)** ✓ 個別情報 ☆

解説 雑務の実施頻度については、Each chore needs to be done as scheduled. という記述がある。スケジュールを見ると、仕事によって、頻度は Monday-Friday、Tuesday and Thursday、Monday and Friday などとまちまちである。したがって、「スケジュールによって異なる」とする (D) が正解。

**31.** 正解 **(A)** ✓ 個別情報 ☆☆

解説 設問の if an employee doesn't perform an assigned task の類似表現は If you fail to comply, it will be noted in the quarterly evaluations. にある。「割り当てられた雑務をこなさない場合＝守れなかった場合」には「四半期ごとの評価で考慮される」ということなので、「評価のときに考慮される」とする (A) が正解である。

**32.** 正解 **(C)** ✓ 分散情報 ☆

解説 当番リストに示された仕事の割り当てについては、This list will be rotated each week. を参照。「毎週交替する」ということなので、「それは週単位で変わる」とする (C) が正解である。

**33.** 正解 **(C)** ✓ 推測問題 ☆☆

解説 当番リストを見ると、この日は 16 日。Chore List for the week of March 16（3 月 16 日の週の当番）から 16 日は月曜日である。また、仕事が終わったとしてイニシャルを記入しているのは Jose と Marie なので、午前 9 時半は過ぎている。一方、Takako はまだ記入していないので、午前 10 時にはなっていない。したがって、「月曜の午前中である」とする (C) が正解。

訳 29～33は次のお知らせとリストに関するものです。

[①お知らせ]
## お知らせ

**(29)** 社員ラウンジに週ごとの雑務とその作業の当番になる人の名前の表が掲示されています。**(32)** この当番リストは毎週交替となります。表を見て自分の名前がある場合は、その日の決められた作業を行い、終了したらイニシャルでサインしてください。**(30)** どの作業もスケジュールに従って行うことになっています。みなさん一人ひとりが共有スペースをきれいにしてくれると期待されていることを忘れないでください。**(31)** 守れなかった場合には、四半期ごとの評価で考慮されます。質問や心配、作業をできない場合などがあれば、人事課のジェイソンに連絡してください。ご協力をよろしくお願いします。

[②リスト]
### 3月16日の週の当番

**食器を洗う**
月曜から金曜まで　午後5時30分

**テーブルと家具を拭く**
火曜と木曜　午後5時30分

**新聞・雑誌を片付ける**
月曜と金曜　午後5時30分

**ごみを捨てる**
月曜から金曜まで　午前10時、午後5時 **(33)**

**コーヒーメーカーを掃除する**
月曜から金曜まで　午前9時30分 **(33)**

**洗った食器を片付ける**
月曜から金曜まで　午前9時30分 **(33)**

**床を掃除する**
月曜、水曜、金曜　午後5時

|  | 16 | 17 | 18 | 19 | 20 |
|---|---|---|---|---|---|
| カレン |  |  |  |  |  |
| ジョシュ |  |  |  |  |  |
| ベン |  |  |  |  |  |
| タカコ |  |  |  |  |  |
| ホセ | JG |  |  |  |  |
| マリー | MW |  |  |  |  |
| ポール |  |  |  |  |  |

**29.** このお知らせの目的は何ですか。
　(A) 社員に雑務の変更を知らせること
　(B) 社員の自主的な作業を認めること
　**(C) 社員に何らかの作業を割り当てること**
　(D) 社員に評価について知らせること

**30.** 雑務はどのくらいの頻度で行われますか。
　(A) 1時間に1回
　(B) 規定通り1週間に1回
　(C) 午前中に1回だけ
　**(D) スケジュールによって異なる。**

**31.** 社員が割り当てられた作業をやらない場合はどうなりますか。
   **(A) 評価のときに考慮される。**
   (B) 叱責される。
   (C) 解雇される。
   (D) 欠勤とみなされる。

**32.** リストについて何が示されていますか。
   (A) 雑務は自分のペースで行うことができる。
   (B) それは四半期で変わる。
   **(C) それは週単位で変わる。**
   (D) 雑務は毎日交替で割り当てられる。

**33.** 現在の日時について何がわかりますか。
   (A) 金曜日の午後である。
   (B) 月曜日の夕刻である。
   **(C) 月曜日の午前中である。**
   (D) 金曜日の午前中である。

ボキャブラリー
- **employee lounge** 社員ラウンジ
- **rotate** 他 交替させる
- **task** 名 仕事
- **complete** 他 完了する
- **communal spaces** 共有空間
- **comply** 自 守る；遵守する
- **quarterly** 形 四半期の
- **perform** 他 実行する
- **wipe** 他 拭く
- **take out trash** ゴミを出す
- **appraisal** 名 評価
- **fire** 他 解雇する
- **chores** 名 雑務
- **assign** 他 割り当てる
- **initial** 他 イニシャルでサインする
- **count on** 〜を頼りにする
- **tidy** 形 きれいに片付いた
- **note** 他 考慮する
- **evaluation** 名 評価
- **HR (Human Resources)** 人事部
- **put away** 〜を片付ける
- **sweep** 他 掃く
- **reprimand** 他 叱責する

## Questions 34-38

**34.** 正解 **(D)** ✓ 文書の目的 ☆

解説 Subject に An error in my reservations（予約の誤り）とあり、本文の冒頭にも I'm writing to you because I've noticed an error in the reservations for my upcoming trip and need some clarification.（次の旅行の予約に間違いを見つけたので連絡します。解明をお願いします）と書いている。「フライトの予約の間違いを報告するため」とする (D) が最適。

**35.** 正解 **(D)** ✓ 分散情報 ☆☆

解説 第2パラグラフ第1文にある On my itinerary on your site から、「旅行スケジュールはネット上で確認できる」ことがわかる。itinerary を schedule に、on your site を online にそれぞれ言い換えて「スケジュールはオンラインで見ることができる」とする (D) が正解。it's a round-trip ticket to London から (A)「それは片道の旅行である」は誤り。ここから行き先は London とわかるので (B)「行き先は決まっていない」も誤りである。旅行の期間については記述がないので (C) も不正解。

**36.** 正解 **(A)** ✓ 個別情報 ☆☆

解説 Bette Jamet が書いた2通目のメールを見る。I have looked over your reservations and indeed your extra check-in baggage purchase was not included in them. I also found that you did make this purchase on the 5th of January. に注目。Jamet が理解したのは、「追加の預け入れ荷物の購入が予約に含まれていない」こと、そして「この購入が1月5日に行われた」ということである。結果的に「追加の預け入れ荷物の支払いが行われた」ことが明らかになったので、(A)「ロバート・ハーパーが追加の預け入れ荷物の支払いをしたこと」が正解となる。なお、最初のメールで Robert は But when I made the reservations I clearly paid for two check-in bags, and it states that on my receipt. と書いているので、予約も1月5日に行われたことになる。(D)「ロバート・ハーパーが1月5日より前に予約をしたこと」は誤りである。

**37.** 正解 **(D)** ✓ 単語問題 ☆☆

解説 concern は Thank you for writing our customer service department with your concern. の文で使われている。concern は「心配」「懸念」「関心事」など意味範囲が広いが、ここでは Robert Harper の「苦情；クレーム」を指している。選択肢は (A) upset（動揺）、(B) anger（怒り）、(C) regret（後悔）、(D) grievance（不満）で、(D) が最適である。

## 38. 正解 (B)  ✓個別情報  ☆

解説 2通目のメールの Please also keep this code: 53ERT9. It is good for $50 off your next ticket purchase. を参照。提供されたものは「次回の航空券購入時の50ドルの割引」である。(B)「次回のフライトの割引」が正解。

訳 設問34〜38は次の2通のメールに関するものです。

[①メール]
宛先：cs@finejet.com
送信者：ロブ・ハーパー <rharp@honet.org>
件名：(34)予約の誤り

こんにちは

(34)次の旅行の予約に間違いを見つけたので連絡します。解明をお願いします。私のeチケットの番号はEYU6389で、ロンドンへの往復航空券です。
(35)御社のサイトで私の日程表を見ると、私に認められているのは預け入れ荷物1つと機内持ち込み手荷物1つです。しかし、予約のとき、私は預け入れ荷物2つ分の料金を確かに支払いました。私が持っている領収書にもそのことは記載されています。あわてなくていいように、来週のフライトまでにこの件を解決していただきたいと思っています。
お手数をおかけいたします。

よろしくお願いします。
ロバート・ハーパー

[②メール]
宛先：ロブ・ハーパー <rharp@honet.org>
送信者：ベット・ジャメット <bjamet@finejet.com>

ハーパー様

(37)ご懸念の点について当社お客様サービス部にメールをいただきありがとうございました。
(36)お客様の予約を見直したところ、確かに追加の預け入れ荷物の購入が含まれていませんでした。また、この購入は1月5日に行われていることも確認いたしました。
大変申し訳ありませんでした。追加の預け入れ荷物については追加料金なしで認められますのでどうぞご安心ください。
(38)また、このコード53ERT9をお受け取りください。これにより次回の航空券購入の際に50ドルの割引となります。ご質問がございましたら、1-800-3627-9273までご遠慮なくお電話ください。
変わらぬご愛顧をいつもありがとうございます。

よろしくお願い申し上げます。
B・ジャメット
お客様サービス部長
ファインジェット

**34.** 最初のメールの目的は何ですか。
(A) 航空券購入時の領収書を求めること
(B) フライトに追加の機内持ち込み手荷物を載せる許可を求めること
(C) フライトの予約変更を要求すること
**(D) フライトの予約の間違いを報告すること**

**35.** ハーパーさんの旅行について何が正しいですか。
(A) それは片道の旅行である。
(B) 行き先は決まっていない。
(C) 1週間かかる。
**(D) スケジュールはオンラインで見ることができる。**

**36.** ベット・ジャメットは何を見つけましたか。
**(A) ロバート・ハーパーが追加の預け入れ荷物の支払いをしたこと**
(B) ロバート・ハーパーが予約をしていないこと
(C) ロバート・ハーパーが追加の預け入れ荷物の支払いをしていないこと
(D) ロバート・ハーパーが1月5日より前に予約をしたこと

**37.** 2番目のメールの2行目の「concern」という単語に意味が最も近いものは
(A) 動揺
(B) 怒り
(C) 後悔
**(D) 不満**

**38.** ロバート・ハーパーに何が提供されましたか。
(A) 次回のフライトの5割引
**(B) 次回のフライトの割引**
(C) 全商品の50ドル割引
(D) 50ドルで追加の預け入れ荷物

### ボキャブラリー

- notice 他 気づく
- round-trip 形 往復の
- check-in bag 預け入れ荷物
- clearly 副 明らかに
- customer service department 顧客サービス部
- concern 名 懸念；苦情
- extra 形 追加の
- be rest assured that ～ ～なのでご安心ください
- at no extra charge 追加料金なしで
- allowance 名 許可
- regret 名 後悔
- clarification 名 （問題などの）解明
- itinerary 名 旅行日程
- carry-on bag 機内持ち込み手荷物
- indeed 副 実際には
- purchase 名 購入
- patronage 名 愛顧
- upset 名 動揺
- grievance 名 不満；苦情

## Questions 39-43

**39.** 正解 **(C)** ✓文書の目的 ☆☆

解説 広告のタイトルで New Spa Opening Company Campaign と「キャンペーン」をうたっている。また本文には Here's what to do: Send us an e-mail at contest@thermobliss.com with the word "contest" in the subject line and tell us why you and your coworkers deserve a relaxing, state-of-the-art spa treatment. として、「コンテスト」の内容が書かれている。「コンテスト」がこの spa のオープニング・キャンペーンであることがわかるので、「新規開店のスパのためのコンテスト」とする (C) が最適。タイトルに a free full-body spa treatment とあるので、discount とする (B) は不適。Come and visit Thermobliss Spa in its new downtown location! から spa はすでにオープン済みと考えられるので「まもなく新規開店するスパ」とする (D) も誤りである。

**40.** 正解 **(B)** ✓個別情報 ☆

解説 広告の第1パラグラフに we are offering you and ten of your coworkers a chance to win a free, full-body spa treatment. とある。無料の全身スパ・トリートメントを獲得できるのは、「you + ten of your coworkers」なので合わせて11人である。(B) が正解。

**41.** 正解 **(C)** ✓個別情報 ☆☆

解説 広告の最後に Employees and relatives of Thermobliss not eligible. とある。not eligible で「資格がない」の意味。Thermobliss は spa の運営会社で、その社員と親族が資格がないわけなので、「スパに勤めている人たち」としている (C) が正解。Thermobliss の関係者以外なら資格に問題はないはずなので、(A) や (B) は不正解となる。

**42.** 正解 **(C)** ✓クロスレファレンス ☆☆☆

解説 Henry Reed はメールの冒頭で I'd like to throw my hat in the ring and enter your contest. として、コンテストにエントリーする意思を表明している。Reed がこのメールを出した日付は April 24 である。一方、広告の終わりのほうには Send in your entry before April 30 to receive 10 percent off future spa treatments for you and your coworkers. という記述があり、April 30 までにエントリーすれば「スパ・トリートメントが10％割引になる」ことがわかる。April 24 にエントリーした Reed と同僚はこの期日の要件を満たすので、「スパ・トリートメントの割引」とする (C) が正解となる。コンテストの結果はまだ不明なので (D) は不適。

**43.** 正解 **(A)** ✓NOT 設問

解説 Gernam's の社員のことなのでメールを見て、照合していく。(B)「遅くまで働く」は are sometimes called upon to work very late hours に、(C)「献身的だ」

は They are very loyal workers に、(D)「難しい客に応対している」は some customers can be very demanding of the employees. にそれぞれ対応する。(A)「休憩を取らない」だけが記述がないので、これが正解となる。

**訳** 設問 39 〜 43 は次の広告とメールに関するものです。

[①広告]
**(39) 新規スパ開店記念、法人向けキャンペーン：**
**あなたと 10 人の同僚に全身スパ・トリートメントが無料に！**

あなたも同僚も疲労、ストレス、働きすぎを感じていませんか。新しく都心にできたサーモブリススパにおいでください。新しい都心店舗の開店を祝して、**(40)** あなたと同僚 10 人に全身スパ・トリートメントを無料で受けるチャンスをご提供します。
**(39)** 応募方法は次の通りです。件名に「コンテスト」と書いて contest@thermobliss.com までメールをお送りください。その中に、あなたと同僚のみなさまがなぜリラックス効果の高い最先端のスパ・トリートメントにふさわしいかをお書きください。
コンテストは 5 月 5 日までです。**(42)** 4 月 30 日までにエントリーしていただけましたら、あなたと同僚の次回のスパ・トリートメントを 10 ％割引とさせていただきます。
**(41)** サーモブリスの社員とその親族は応募資格がありません。

[②メール]
宛先：contest@thermobliss.com
送信者：ヘンリー・リード <henryr@gernams.com>
件名：コンテスト
日付：4 月 24 日 **(42)**

こんにちは

**(42)** ぜひ御社のコンテストに参加したいと思います。私はヘンリー・リードと申します。ガーナムズという百貨店の総支配人です。弊社は御社から程近い街の中心部にあり、弊社の社員はだれもが御社のスパの開店をずっと心待ちにしていました。トリートメントに行くことを何度となく話題にしてきたのです。私は御社のスパが開店したら、熱心に働いてくれる社員たちを全身トリートメントに連れて行こうと考えていました。彼らは **(43)** とても献身的な働き手で、**(43)** 時には夜遅くまで働くことを求められます。当店は理想的な場所にあるため、それだけにとても忙しく、**(43)** お客様の中には社員に難しい要求をする方もいらっしゃいます。このことが彼らにどれほどのストレスを与えているか、ご想像いただけるでしょう。
そういうわけで、無料の全身トリートメントを私たちに与えてくださることをぜひお考えください。私自身についてはどちらでもいいのですが、私の下で働いてくれる社員はまさにふさわしいと、心から信じています。
ありがとうございました。お返事を楽しみにしています。

それでは。
ヘンリー・リード
総支配人
ガーナムズ

**39.** 何の広告ですか。
  (A) 新しいスパの社員のコンテスト
  (B) スパ・トリートメントの割引をもらうコンテスト
  **(C) 新規開店したスパのためのコンテスト**
  (D) まもなく新規開店するスパ

**40.** トリートメントを受けられるのは何人ですか。
  (A) 1人
  **(B) 11人**
  (C) 10人
  (D) 20人

**41.** コンテストに参加できないのは誰ですか。
  (A) 市の職員とその親族
  (B) サーモブリスの競合会社に勤めている人たち
  **(C) スパに勤めている人たち**
  (D) ガーナムズの社員

**42.** ヘンリー・リードと同僚は何を受けることになりますか。
  (A) 無料のマッサージ
  (B) エントリー賞
  **(C) スパ・トリートメントの割引**
  (D) 無料の全身スパ・トリートメント

**43.** ガーナムの社員について述べられていないことは何ですか。
  **(A) 休憩を取らない。**
  (B) 遅くまで働く。
  (C) 献身的だ。
  (D) 難しい客に応対している。

### ボキャブラリー

- spa 名 スパ；温泉施設
- coworker 名 同僚
- deserve 他 〜に値する
- state-of-the-art 形 最先端の
- eligible 形 資格のある
- throw one's hat in the ring （競争などに）参加する
- department store デパート
- anxiously 副 心待ちにして
- endlessly 副 何度も何度も
- be called upon to 〜することを求められる
- demanding of 〜に要求が多い
- therefore 副 それゆえに
- be concerned with 〜に関心がある；〜したい
- certainly 副 きっと；確かに
- treatment 名 処置；トリートメント
- location 名 場所
- relaxing 形 リラックスできる
- relative 名 親族
- be located 〜 〜に位置している
- await 他 待つ
- loyal 形 仕事熱心な；忠実な
- place A on B AをBにもたらす
- grant 他 与える
- take breaks 休憩を取る

## Word Capsule 15 食事

- entrée 名 主菜　＊ main dish も同意。
- appetizer 名 前菜
- specialty 名 得意料理；名物料理　＊ special とも。
- cuisine 名 （特定の地域や店の）料理
- culinary 形 料理の　＊ culinary schools（料理学校）
- seasoning 名 調味料；スパイス
- condiment 名 調味料；香辛料
- bite 名 軽食；ひとかじり　＊ try a bite（味見をする）
- place 名 （レストランやカフェなどの）店
- ambience 名 雰囲気
- treat 名 ごちそう；もてなし
- smorgasbord 名 バイキング方式　＊ buffet とも。
- dairy products 乳製品
- produce section （スーパーの）青果物コーナー
- perishable 形 腐りやすい

TEST 4

# Questions 44-48

**44.** 正解 **(C)** ✓ クロスレファレンス ☆☆☆

解説 設問は What was 〜 intended as? でプレゼンの「テーマ」ではなく「意図；目的」を聞いている。テーマなら How To Measure a Company's Performance だが、「意図」のヒントはメモのほうに明記されている。メモ冒頭で Thank you all for coming to the demo of my presentation and for the lively discussion afterward. と書かれている。demo（試演）を言い換えた (C) A trial が最適。

**45.** 正解 **(C)** ✓ 個別情報 ☆☆☆

解説 2. Balance Sheets の項目の (c) cash flow generation forecasts に注目する。generation はここでは「（キャッシュフローの）創出」の意味。forecasts は「予測」なので、これを Predict を使って言い換えた (C) の「キャッシュフローを予測すること」が適切である。

**46.** 正解 **(B)** ✓ NOT 設問 ☆☆

解説 次のプレゼンのトピックは、第1文書の項目のほかにメモの第3パラグラフの And for my next presentation 以下に追加されている。メモで、(A)「新しい取引のための広告」は how to use marketing more effectively as a way to acquire more customers に、(C)「スタッフに対する顧客応対の訓練」は proper customer relation training methods に、(D)「顧客に影響を与える外的な問題」は external problems that affect our customer base にそれぞれ対応する。(B)「生産のための市場データ」だけが両文書のどこにも記述がないのでこれを選ぶ。

**47.** 正解 **(D)** ✓ 分散情報 ☆☆☆

解説 メモの第4パラグラフに、The deadline for this is next Thursday so please give them the data as soon as possible. とある。ここから、「プレゼンのデータはすぐに集めなければならない」とする (D) が正解となる。販売部については、Sarah and James from sales will help me with this presentation 以下から、販売部の2人はデータ収集でプレゼンの支援をするだけなので、(C) は誤り。第1文書に Productivity の要素はあるが、(B) のように「生産性に集中する」とはどこにも書かれていないので、(B) も誤り。

**48.** 正解 **(D)** ✓ 単語問題 ☆☆

解説 malfunction は especially in the case of a manufacturing malfunction で使われている。manufacturing に続いているので製造プロセスで起こることだと推測がつく。また、接頭辞 mal- が「悪い；不完全な」を表すことを知っていれば、function は「機能」なので、malfunction で「故障；不具合」だと推測できるだろう。選択肢で一番近いのは「故障；機能不全」の意味を持つ (D) failure である。

> **訳** 設問 44 ～ 48 は次のプレゼンとメモに関するものです。

[①プレゼン]
**(44)** 本日のプレゼン：
テーマ：企業業績をいかに評価するか

企業業績の評価には、単に財務の結果を計算すること以上のものが含まれます。正確な評価を得るために考慮しなければならない多くのさまざまな要素があります。あなたは顧客や株主の要請を考え、彼らを確実に満足させなければなりません。そのために、きわめて正確な評価が最重要になるのです。含まれるべき他のものをここに示します：

1. 損益計算書
    (a) 税引前利益および税引後利益
    (b) 相当する利益
    (c) ベンチマーク

2. バランスシート
    a) 株主の資本
    (b) 債務を返済できるだけのキャッシュ
    (c) キャッシュフロー創出の予測 **(45)**

3. 生産能力および生産性
    (a) 生産と同等に重要な流通
    (b) 製品のライフサイクル
    (c) 製品のイノベーション

[②メモ]
**メモ**
宛先：全社員
差出人：ニック・ハマースミス
件名：昨日のプレゼン

私のプレゼンの **(44)** 試演にご参加いただきありがとうございました。そのあとの活発な話し合いにも感謝しています。この話し合いからプレゼンを拡張・改良するヒントをいくついただきました。

経理のダリラは、生産性が落ちている場合、特に製造上の **(48)** 不具合がある場合になすべきことを加えたほうがいいと提案してくれました。ダリオは、バランスシート作成の際には競合企業の利益と市場データの比較をしたほうがいいという意見でした。

私の次のプレゼンでは、顧客についての情報、市場の可能性と **(46)** 顧客を獲得するために市場調査を活用する方法、**(46)** 顧客ベースに影響を与える外的な問題、そして **(46)** 適切な接客訓練法を発表します。

販売部のサラとジェームズはこのプレゼンで私を助けてくれます。ですので、彼らが求めるデー

タを提供するのに協力をお願いします。**(47)**この締め切りは来週の木曜なので、できるだけ早く彼らに情報を提供してください。このプレゼンがどこでいつ行われるかは後ほどお知らせします。どなたでも貢献できるものがある人はメールを送ってください。

ニック

44. プレゼンテーションは何を意図していましたか。
    (A) マーケティング調査
    (B) セールストーク
    **(C) 試演**
    (D) 予算の提案

45. バランスシートのテーマで取り上げられるもののひとつは何ですか。
    (A) 製品の流通
    (B) ベンチマーク
    **(C) キャッシュフローの予測**
    (D) 競合企業の利益の予想

46. 何が次のプレゼンのトピックではありませんか。
    (A) 新しい取引のための広告
    **(B) 生産のための市場データ**
    (C) スタッフに対する顧客応対の訓練
    (D) 顧客に影響を与える外的な問題

47. 次のプレゼンについて何が示されていますか。
    (A) それは現在の販売についてである。
    (B) それは生産性に集中したものだ。
    (C) プレゼンは販売部によって行われる。
    **(D) そのためのデータはすぐに集めなければならない。**

48. メモの第2パラグラフ3行目の「malfunction」という単語に最も意味が近いのは
    (A) 病気
    (B) 偶発事故
    (C) 違和感
    **(D) 故障**

146

### ボキャブラリー

- **measure** 他 測定する；評価する
- **involve** 他 含む
- **factor** 名 要素；ファクター
- **utmost** 形 最高の；第一番の
- **income** 名 利益
- **margins** 名 利幅
- **balance sheet** バランスシート；貸借対照表
- **stockholder's equity** 株主資本
- **debt** 名 借入金；債務
- **generation** 名 創出
- **distribution** 名 販売
- **afterward** 副 後で
- **expand** 他 拡大する
- **accounting** 名 経理（部）
- **earnings** 名 利益；収益
- **acquire** 他 獲得する
- **customer relations** 接客；顧客対応
- **deadline** 名 締め切り
- **marketing survey** 市場調査
- **predict** 他 予測する
- **deal with** 〜を扱う
- **illness** 名 病気
- **performance** 名 実績；業績
- **financial** 形 財務の
- **accurate** 形 正確な
- **income statement** 損益計算書
- **corresponding** 形 対応する
- **benchmark** 名 基準；ベンチマーク
- **cover** 他 まかなう
- **cash flow** キャッシュフロー
- **productivity** 名 生産性
- **innovation** 名 革新；イノベーション
- **tips** 名 ヒント
- **improve** 他 改良する
- **malfunction** 名 故障；不具合
- **potential** 名 潜在性；可能性
- **external** 形 外部の；外的な
- **method** 名 手段
- **contribute** 自 貢献する
- **sales pitch** セールストーク
- **forecast** 他 予測する
- **be centered around** 〜に集中される
- **misadventure** 名 偶発事故

●著者紹介

**成重　寿　Narishige Hisashi**

三重県出身。英語教育出版社、海外勤務の経験を生かして、TOEIC®を中心に幅広く執筆・編集活動を行っている。主要著書：『TOEIC® TEST英単語スピードマスター NEW EDITION』、『はじめて受けるTOEIC® TEST総合スピードマスター』、『TOEIC® TESTリーディングスピードマスター Ver.2』、『TOEIC® TEST英熟語スピードマスター』、『TOEIC® TEST 800点突破！ リーディング問題集』、『大切なことはすべて中学英語が教えてくれる　英単語編』（以上、Jリサーチ出版）など。TOEIC® TEST 990点満点。

**Vicki Glass　ビッキー・グラス**

アメリカ・カリフォルニア州バークレー出身。ライター・編集者・ナレーターとして多彩に活動している。東進ハイスクールのチーフ・イングリッシュエディターを務めるほか、CD、DVD、ラジオ・テレビ番組のナレーションを行う。主要著書：『はじめて受けるTOEIC® TEST総合スピードマスター』、『TOEIC® TEST英熟語スピードマスター』、『TOEIC® TEST 800点突破！ リーディング問題集』、『新TOEIC® TESTリスニング問題集』（以上、Jリサーチ出版）など。

| | |
|---|---|
| カバーデザイン | 滝デザイン事務所 |
| 本文デザイン／DTP | 江口うり子（アレピエ） |
| 翻訳・校正協力 | 深瀬正子 |

---

**ぜんぶ解ける！ TOEIC® TEST でる問題集 PART 7**

平成25年（2013年）10月10日　初版第1刷発行

| | |
|---|---|
| 著　者 | 成重寿／Vicki Glass |
| 発行人 | 福田富与 |
| 発行所 | 有限会社　Jリサーチ出版 |
| | 〒166-0002　東京都杉並区高円寺北2-29-14-705 |
| | 電話 03(6808)8801(代) FAX 03(5364)5310 |
| | 編集部 03(6808)8806 |
| | http://www.jresearch.co.jp |
| 印刷所 | ㈱シナノ パブリッシング プレス |

ISBN978-4-86392-159-7　　禁無断転載。なお、乱丁・落丁はお取り替えいたします。
©2013 Hisashi Narishige, Vicki Glass, All rights reserved.

# TEST 1

問題　解答用紙 ▶ p.113

**Questions 1 through 2 refer to the following coupon.**

---

## Ted Thomas Hair Design
### 20 Broadway Avenue
### 808-3728-7383

---

Ted Thomas Hair Designs has a special offer for new customers for haircuts, permanent waves and hair color. First-time customers can bring this coupon in to receive 40% off any chemical service and 30% off a haircut. Those who have a chemical service will also receive a free bottle of conditioner. All customers who have a coupon will receive a free brush.

*Valid weekdays only, from 10:00 to 8:00 p.m.
*Walk-ins welcome, no appointment necessary

---

1. Who is this coupon for?
   (A) People who are regular customers of Ted Thomas Hair Design
   (B) People who have never been to Ted Thomas Hair Design
   (C) People who have had a haircut at Ted Thomas Hair Design
   (D) People who have had a permanent wave at Ted Thomas Hair Design         Ⓐ Ⓑ Ⓒ Ⓓ

2. What is NOT included with the coupon?
   (A) A Saturday appointment
   (B) A free hair product with a chemical service
   (C) A discount on a haircut
   (D) A free hairbrush         Ⓐ Ⓑ Ⓒ Ⓓ

**Questions 3 through 5 refer to the following itinerary.**

---

**Cooper and Son's Itinerary**
Roger Tenert

March 3
8:30:   Set-up booth
9:00:   Meet with the Asian distributor
9:30:   Show opens
10:30: Meet with potential retail clients from Europe
12:30: Lunch meeting with Dynamo, Inc. to negotiate shipment fees
1:30:   New product announcement at booth; sample giveaway
2:30:   Drive to Carlson Industries to drop off prototypes
4:00:   Final meeting with local distributor
5:30:   Break down booth

*all display items must be back in the warehouse by 10:00 p.m.

---

**3.** What is this itinerary for?
(A) A meeting with customers
(B) A trade show
(C) A delivery service
(D) A shipping seminar

**4.** What is suggested about Cooper and Son's?
(A) It is a distributor.
(B) It doesn't have any new product.
(C) It concentrates on the local market.
(D) It has international connections.

**5.** What is NOT listed on the itinerary?
(A) A dinner meeting with a distributor
(B) The time when the items must be stored
(C) A lunch meeting to talk about shipping costs
(D) A meeting with possible retail clients

*GO ON TO THE NEXT PAGE*

**Questions 6 through 7 refer to the following advertisement.**

Come down to ModCons Furniture this weekend only for our biggest sale of the year. All furniture items in our store will be marked down from 30 to 50 percent. We have all the best selections of new, modern styles from famous designers that are ideal for furnishing your new home or modernizing your existing home at the lowest prices in town. If you don't find what you're looking for in stock during our big sale weekend, simply order the item this weekend and pay the same, low sale price. All our outlets will be open one hour later than usual during the sale from 10:00 a.m. to 8:00 p.m., Friday through Sunday.

6. What is the purpose of this ad?
   (A) To announce a new, modern style of furniture
   (B) To announce a week-long sale on furniture
   (C) To announce low prices at a new furniture store
   (D) To announce a weekend-only furniture sale

7. What is one thing customers can do at the sale?
   (A) Order anything that is sold out for sale prices
   (B) Get over half off all items in the store
   (C) Consult a designer about their new homes
   (D) Shop earlier than usual

*GO ON TO THE NEXT PAGE*

**Questions 8 through 10 refer to the following web page.**

| Home | Our Services | Access | Contact Us |

At Sanders Relocation Services we are committed to making your international move as smooth as possible. We handle everything related to moving your furnishings from door to door. With our service, you can be reassured that your move will be done in a timely manner with no damage to your precious items. We can handle all of your detailed needs domestically and internationally.

To obtain a quote within 24 hours, please use the Contact Us link above. To visit our offices to speak to a service representative, click the Access link. To see all the Services we offer, including packing your items, please follow the Our Services link.

We guarantee the lowest quotes for your move.

8. What kind of service is being offered?
   (A) A consultant service
   (B) A career advising service
   (C) A global moving service
   (D) An office relocation service

9. How can a customer find out the costs for the services?
   (A) By clicking the Home link
   (B) By clicking the Our Services link
   (C) By clicking the Access link
   (D) By clicking the Contact Us link

10. The word "quote" in paragraph 2, line 1 is closest in meaning to
    (A) advice
    (B) poems
    (C) saying
    (D) estimate

*GO ON TO THE NEXT PAGE*

**Questions 11 through 13 refer to the following memo.**

To: All sales staff
From: Human Resources

Re: Sales Seminar Agenda

Dear all,
Here is the updated schedule for the sales seminar, which will be held at Best Eastern Hotel on November 12. Please read it carefully and initial it after reading.

**November 12 Schedule:**

| Time | Topic |
|---|---|
| 9:00 – 10:00 a.m. | – Introduction of sales staff members |
| 10:00 – 10:15 a.m. | – Overview of last year's sales figures |
| 10:15 – 11:00 a.m. | – Presentation from John Cavanaugh, head of sales |
| 11:00 a.m. – 12:00 p.m. | – Overview of upcoming products |
| 12:00 – 1:00 p.m. | – Lunch |
| 1:00 – 2:00 p.m. | – New sales techniques |
| 2:00 – 3:30 p.m. | – Upcoming event strategies |
| 3:30 – 4:00 p.m. | – Conclusion |

Todd
HR Department

**11.** What is the purpose of this memo?
   (A) To introduce new sales staff members
   (B) To remind employees of an existing schedule
   (C) To let employees know about a presentation
   (D) To give employees a changed schedule

   Ⓐ Ⓑ Ⓒ Ⓓ

**12.** What must employees do after reading the memo?
   (A) Put their full signature on it
   (B) Sign it with initials
   (C) Hand it in to the sales head
   (D) Indicate if they will attend

   Ⓐ Ⓑ Ⓒ Ⓓ

**13.** What is true about the schedule?
   (A) The seminar will end at five.
   (B) The attendees will attend a new event.
   (C) The attendees will learn about new ways to sell.
   (D) A presentation will be made by the president.

   Ⓐ Ⓑ Ⓒ Ⓓ

*GO ON TO THE NEXT PAGE*

**Questions 14 through 16 refer to the following e-mail.**

From: bess@realhome2.net
To: tomj@ernster.net

Subject: Available rentals

Dear Tom,

Thank you for your interest in finding a rental home through our agency. We have found 15 properties that meet your budget needs. Some of them, however, are not located in your preferred area while others do not meet your space requirements. I've attached a list of the properties we've found to this mail, so please have a look and let me know if any appeal to you so that we may schedule a visit with the landlord. You may also alternatively visit our office Monday through Saturday from 10:00 a.m. to 7:00 p.m. and we can show you what we have to offer.
Please don't hesitate to call me with any questions you may have.

Regards,
Bess Livingston

**14.** What did Bess find for Tom?
- (A) 15 properties he can visit
- (B) 15 properties in his preferred area
- (C) 15 properties that meet his space requirements
- (D) 15 properties he can afford

**15.** What does Bess want Tom to do?
- (A) Tell her if he likes any of the properties on the list
- (B) Schedule his own visit with the landlord
- (C) Go down to her office and meet with her
- (D) Let her know when he can visit the landlord

**16.** What is NOT listed as a requirement for a property?
- (A) A big yard area
- (B) A set budget
- (C) A preferred area
- (D) A certain amount of space

*GO ON TO THE NEXT PAGE*

**Questions 17 through 19 refer to the following press release.**

### DynaMit Corporation to Hold Charity Tennis Match

Los Angeles—DynaMit Corporation will hold a celebrity tennis match on March 17 to raise money for those recently affected by the recent storms. Tickets for the event will range from 350 to 1,000 dollars per person, and will include a meet-and-greet with the celebrities and a five-course lunch. Participants can get tickets online in advance at www.dynamitevent.com or at their local ticket agency. DynaMit has also announced that it will donate a portion of its first quarter profits to help build shelters for the storm victims. For more information about the event and DynaMit's charity program, please contact press agent Sarah Haynes at haynes@dynamit.com.

**17.** What does the tennis match include?
   (A) A chance to meet famous people
   (B) A five-course dinner
   (C) A chance to greet professional tennis players
   (D) A free game of tennis          Ⓐ Ⓑ Ⓒ Ⓓ

**18.** What will DynaMit do?
   (A) Donate all of their first year's profits
   (B) Donate some of their first quarter profits
   (C) Donate part of their first year's profits
   (D) Donate all of their first quarter profits     Ⓐ Ⓑ Ⓒ Ⓓ

**19.** What is the donation for?
   (A) To provide a charity event for people affected by a storm
   (B) To provide food for people affected by a storm
   (C) To provide a place to stay for people affected by a storm
   (D) To provide jobs for people affected by a storm    Ⓐ Ⓑ Ⓒ Ⓓ

*GO ON TO THE NEXT PAGE*

**Questions 20 through 23 refer to the following notice.**

# NOTICE

From May 13 to May 21 Carlson Street will be closed for traffic to allow for necessary repairs to the road. There are large cracks in the road that have been responsible for a number of accidents that have occurred there, so we will be conducting these repairs at the request of the city hall. Residents are strongly advised to park their vehicles on Main or Thurston Streets as there will be no access to their homes by car. Alternatively you may want to consider leaving your cars in the garage and using public transportation. We are taking great care to ensure your safety. We are sorry for the inconvenience. For questions or any other comments regarding the repairs, please phone the roads and services department at 1-800-555-0382. We are available from 9:00 a.m. to 5:00 p.m. Monday through Saturday.

**20.** What is the subject of this notice?
   (A) The closing of a road for inspections
   (B) The closing of a road for restoration
   (C) The closing of a road to allow parking
   (D) The closing of a road to widen it

**21.** What are residents asked to do?
   (A) Stay on the side of the road
   (B) Park in front of their houses
   (C) Park on a different street
   (D) Stay indoors

**22.** The word "ensure" in line 10 is closest in meaning to
   (A) lock
   (B) register
   (C) promise
   (D) secure

**23.** Who most likely wrote this notice?
   (A) The division of a company
   (B) The local police
   (C) The mayor
   (D) An official from city hall

*GO ON TO THE NEXT PAGE*

**Questions 24 through 28 refer to the following article.**

Washington—While sales in most retail industries drastically fell this quarter, the car industry in general saw an increase of 4.2% in sales of new vehicles. Analysts say that this is a good sign to mark the beginning of the end of the suffering economy.

The biggest three major automakers sold over 3 million vehicles this quarter alone, which is an all-time high. The automakers attribute these record-breaking sales to their newest line of energy-efficient smart cars and their attractive computerized features.

At the same time, however, two other automakers suffered losses. Standard Motors stood at the top with a 3% decrease in sales for the quarter, their biggest loss of the year. A spokesperson for the company stated that the loss was due to a decrease in the production of new vehicles. This decrease was attributed to a long-time union strike that was finally settled last week. The company hopes to get back on its feet as it starts production on its new line of luxury vehicles, and the price of its shares rose on the news.

Meanwhile Victory Motors is still struggling after its 2.3% quarterly sales decrease, and the company doesn't foresee any improvement by next quarter. Sales of its once popular pick-up truck dropped after news of a recall for a brake pad defect. It is expected that the company will discontinue the line completely. It will need to rely on sales of its newer model economy cars in order to keep its head above water.

**24.** What is the subject of this article?
 (A) Luxury vehicles from a new automaker
 (B) Stock prices for automakers
 (C) Quarterly sales of automobiles
 (D) Serious losses for the top three automakers

**25.** What is implied about the sales of new vehicles?
 (A) They will make the car industry suffer.
 (B) They will increase in a few years.
 (C) They will decline for all automakers.
 (D) They will revive the economy.

**26.** The word "attribute" in paragraph 2, line 6, is closest in meaning to
 (A) allow
 (B) credit
 (C) accuse
 (D) select

**27.** What happened to Standard Motors?
 (A) It was at the top in sales.
 (B) Its sales decreased by 30 percent.
 (C) Its earnings were better than last year.
 (D) It had its largest decrease of the year.

**28.** Why did sales of Victory Motors' pick-up trucks drop?
 (A) The truck had a problem with the part.
 (B) The truck uses too much gas.
 (C) The truck's design was not popular.
 (D) The truck's production was limited.

*GO ON TO THE NEXT PAGE*

**Questions 29 through 33 refer to the following letter and form.**

Edward Rose
64 Delane Boulevard
Detroit, MI 52899

Dear Mr. Rose,

Thank you for your order of March 3 for our Model N power drill. Unfortunately we don't have that model in stock at the present time. You may either put the power drill on back order or order a different model. Our Model M power drill is very similar to the model you ordered and has a few extra features, and we would be willing to lower the price to that of the Model N. You may also choose to have a full refund. Please fill out the attached form by marking an "x" next to the option you would prefer, and fax it to our customer service department at 808-952-0845 at your earliest convenience so that we may proceed. Be sure to fill out your name and order number.

Janice Wright
Morgan Market

---

**Name:** *Edward Rose*

**Date:** *March 10*

**Order Number:** *38992*

**Model N Power Drill** (not in stock)
  backorder $159.00                          [   ]

**Model M Power Drill** (in stock) $179.00
  Order with $20 discount                    [ *X* ]

**Refund**                                   [   ]

**Comments:**
  *I would like to receive this within a week.*

**29.** Why did Ms. Wright write to Mr. Rose?
   (A) To inform him that his order was cancelled
   (B) To inform him that the item he ordered is no longer sold
   (C) To inform him that his order cannot be filled now
   (D) To inform him that he will get a refund
   Ⓐ Ⓑ Ⓒ Ⓓ

**30.** What did Mr. Rose order?
   (A) Some furniture
   (B) An appliance
   (C) A car
   (D) A tool
   Ⓐ Ⓑ Ⓒ Ⓓ

**31.** What does Ms. Wright ask Mr. Rose to do?
   (A) Call her immediately
   (B) Send a form to her
   (C) Apply for a refund
   (D) Fax her his phone number
   Ⓐ Ⓑ Ⓒ Ⓓ

**32.** What did Mr. Rose decide to do?
   (A) Get a refund
   (B) Order an extra item
   (C) Wait for a backordered item
   (D) Order a different model
   Ⓐ Ⓑ Ⓒ Ⓓ

**33.** When would Mr. Rose like the company to send his order?
   (A) March 3
   (B) March 9
   (C) March 16
   (D) March 20
   Ⓐ Ⓑ Ⓒ Ⓓ

*GO ON TO THE NEXT PAGE*

**Questions 34 through 38 refer to the following e-mail and schedule.**

From: shaneo@refre.com
To: hansw@titaner.org
Subject: Upcoming event

Dear Mr. Wachstein,

I just wanted to remind you about your duties for the upcoming community festival. Please look over the following schedule for the weekend's activities, and let us know if the set up can be ready in time. Please note that we will need one of your staff members on hand throughout each day to make sure everything is in order. We would like you to begin setting up two hours before the events start and you have several days to break them down. As it is community property we ask that you make sure it is in good condition afterward. There is added information on the schedule regarding food vouchers. Please note that the regular price for them is $10 each. Let me know if you have any questions.

Shane Olson

| Time | Event |
|---|---|
| 9:30 a.m. | Opening |
| 10:00-10:45 | Magic show |
| 10:45-11:30 | Singing competition |
| 11:30-1:30 | Circus show |
| 1:30-2:45 | Chili cook-off |
| 2:45-3:30 | New Breed Band |
| 3:30-4:15 | Fashion show |
| 4:15-5:00 | Comedy show |
| 5:00-7:00 | Matrix Band |
| 7:00-8:00 | Acrobatic troupe |
| 8:00-9:00 | Jersey Symphony |

Various food booths will offer a diverse range of food and beverages throughout the festival. People involved with setting up will receive 8 food vouchers that are redeemable for food and drink. Please pick up at the information booth on the day of the fair. You can buy more vouchers at a 50% reduction.

**34.** What is implied about the event?
(A) It's a community fashion show.
(B) It's an opening of a play.
(C) It's related to a local society.
(D) It lasts one week.

**35.** What does Mr. Olson want Mr. Wachstein to do?
(A) Proofread the schedule
(B) Let him know if he can set up in time
(C) Bring several staff members
(D) Break down the sets in one day

**36.** What must Mr. Wachstein be sure to do?
(A) Set up before the magic show starts
(B) Break down the sets two hours after the festival ends
(C) Make sure the property is clean and undamaged afterward
(D) Contact Mr. Olson to let him know when he will break down the set up

**37.** What time should Mr. Wachstein start setting up?
(A) 9:30 a.m.
(B) 7:30 a.m.
(C) 11:30 a.m.
(D) 6:30 a.m.

**38.** If Mr. Wachstein wants to purchase food vouchers, how much will he pay?
(A) $20
(B) $10
(C) $5
(D) $2.50

*GO ON TO THE NEXT PAGE*

**Questions 39 through 43 refer to the following menu and e-mail.**

Submitted for approval by Chef Carlos:

## Chez Louis Menu Specials for week of May 15-21

| | |
|---|---|
| Monday | - Herb-crusted lamb chops |
| Tuesday | - Turkey with rosemary stuffing and cranberry |
| Wednesday | - Prime rib with hollandaise sauce |
| Thursday | - Fresh Maine lobster with tomato soup |
| Friday | - Roast chicken with gratin potatoes |
| Saturday | - Fresh atlantic salmon with dill sauce |
| Sunday | - Pasta Carbonara |

*Please give me your ideas before May 12. And I would also like to know if you've given more thought to the oven issue. Thanks.*

---

To: carlos@chezlouis.com
From: marianne@chezlouis.com
Subject: Next week's specials

Hi Carlos,

I was looking over next week's schedule for the menu specials and would like to make some changes. I think we should move Monday's dish to Thursday, because our fresh seafood deliveries are now on Monday morning instead of Friday. Keeping that in mind, I'd like to serve the lobster on Tuesday instead of Thursday. Let's serve the lamb chops on Thursday and the turkey on Saturday.

Regarding the oven, I'm having a new gas range with six burners and a standard width and baker's width oven installed in the kitchen on Sunday. This is to replace the current range that has electric burners. I'm sure this will be easier for you to control the cooking temperatures of your dishes and perhaps help prepare them quicker.

I hope these things are clear and will meet with your approval.

Regards,
Marianne

**39.** What is indicated about the menu?
   (A) It contains no seafood.
   (B) It needs to be endorsed.
   (C) It's for an entire month.
   (D) It features Monday's dish.

**40.** When does Carlos need a response?
   (A) After the special menu has been tested
   (B) The night before the special menu starts
   (C) The day the special menu starts
   (D) Three days before the special menu starts

**41.** What is most likely Marianne's position?
   (A) She is Carlos' subordinate.
   (B) She is a food distributor.
   (C) She is a restaurant owner.
   (D) She is a diver.

**42.** What can be implied about the current oven?
   (A) Carlos would like it replaced.
   (B) It's broken.
   (C) It's a brand-new gas range.
   (D) Carlos has issued a new one.

**43.** What does Marianne want to do on Thursday?
   (A) Meet with Carlos
   (B) Serve a meat dish
   (C) Serve a shellfish dish
   (D) Pick up a seafood delivery

*GO ON TO THE NEXT PAGE*

**Questions 44 through 48 refer to the following article and letter.**

**WASHINGTON:** The SRF Foundation is pleased to announce this year's recipients of the Outstanding Researcher of the Year Award. Every year, the foundation selects a scientist who has made notable contributions to space research. This year's recipient is Dr. Marshall Mailler, for his research that led to the development of new technologies that would facilitate future space expeditions and exploration. Through his extensive research, Dr. Mailler was able to come up with several new technologies that would save the space agency time and expense when conducting exploration missions. The award ceremony is set to take place on August 29 from 6:00 p.m. in the main hall of the Hillport Hotel. Dr. Mailler will receive $10,000 and will give an hour-long lecture.

Dr. Marshall Mailler
46 Boulard Street
Hartford, Connecticut 46378

Dear Dr. Mailler,

We would once again like to congratulate you on being this year's recipient of our Outstanding Researcher of the Year Award. I'm writing to you to fill you in on the details for the upcoming ceremony. As you have probably read in the papers, the ceremony starts at 6:00 p.m. We would like you to come at 4:00 p.m. if possible for a rehearsal. This should take about 30 minutes. After that we would like for you to be there from 5:45.

After all the guests are seated, which should take about 30 minutes, our foundation's president will give a short 10-minute introduction for you. At this time we would like you to come up to the stage and accept your award. You will be able to give a ten-minute acceptance speech at this time.

We will then serve dinner. While the dessert is being served, we would like to start with a lecture and if possible, a short Q&A session. You may have 60 minutes for this.

If you have any questions please don't hesitate to call me at 1-800-555-8376.

Thank you and see you on the 29th.

Sincerely,
Carole Butler
General Manager
SRF Foundation

**44.** What is the article about?
 (A) An award ceremony for a medical breakthrough
 (B) An award for a scientist's contribution
 (C) An invitation for the public to a ceremony
 (D) An introduction to a research

**45.** What did Dr. Mailler do?
 (A) Develop a new high-tech spacecraft
 (B) Create cost-effective technologies
 (C) Research new types of space programs
 (D) Go on a space exploration mission

**46.** Why was the letter written?
 (A) To ask a researcher to come and pick up an award
 (B) To present a researcher with an award
 (C) To tell a researcher he has just won an award
 (D) To inform a researcher about the details of a ceremony

**47.** What should Dr. Mailler do about the event?
 (A) Come earlier
 (B) Choose from the dinner options
 (C) Confirm his attendance
 (D) Rehearse for one hour

**48.** What would Ms. Butler like Dr. Mailler to do during the dessert?
 (A) Give a short thank-you speech
 (B) Conduct a one-hour Q&A session
 (C) Give an award to an event attendee
 (D) Conduct a lecture and briefly answer questions

# TEST ②

**問題** 解答用紙 ▶ p.115

Questions 1 through 2 refer to the following survey.

## Online Survey
## Glamright Beauty Products

Thank you for your cosmetics order. Please take a moment to fill out our online survey so that we may better serve you in the future.

|  | Very Good | Satisfactory | Unsatisfactory |
|---|---|---|---|
| Convenience of website ordering | x | | |
| Prices | | x | |
| Payment options | x | | |
| Choices of products | | x | |
| Website design | | x | |
| Overall online experience | | x | |

Additional comments:
*I would like to see a bit more of a variety of products.*

1. What is this survey for?
   (A) A retail shop
   (B) A new line of cosmetics
   (C) Product satisfaction
   (D) An online shopping experience

2. How does the customer feel about the product choices?
   (A) Very satisfied
   (B) There could be more.
   (C) There are too many.
   (D) Unsatisfied

**Questions 3 through 4 refer to the following notice.**

## NOTICE
### Company Policy Changes

Attention, employees. We will be changing our holiday policy, effective immediately. Please have a look below and speak with your supervisor if you have any questions.

* We have increased the number of vacation days from 14 days to 21.
* Vacation requests can now be made over e-mail and not in person.
* Vacation requests must be made three weeks in advance instead of two.
* Vacation days cannot be carried over to the next year.
* All employees taking vacation days must coordinate them with their colleagues to prevent overlap.

Please sign this notice and pass it on.

3. What is true about the holiday policy?
   (A) Vacation days can be saved for the following year.
   (B) Employees who submit an itinerary can take a vacation.
   (C) Vacation requests must be made an extra week in advance.
   (D) Employees must ask their immediate supervisors for permission.

4. What must employees who read the notice do?
   (A) Talk to their supervisors
   (B) Write their signatures
   (C) Copy the information
   (D) Make a request two weeks in advance

*GO ON TO THE NEXT PAGE*

**Questions 5 through 7 refer to the following memo.**

## Memo

To: All employees
From: Marty Innes
Subject: New Network

Dear all,

We will be installing a new network in the office that will provide faster wireless connectivity for you. Each employee is asked to set up their computers accordingly. Once the system is installed, we will send you the log-in information. This network will be installed on Thursday and Friday of next week so please keep aisles clear so that the work crews can do their job easily. The more you cooperate, the sooner we'll have our system. Those in the west wing are asked to move temporarily to the east wing in designated areas until the work is completed. Thanks for your cooperation.

Marty

5. What are the employees required to do?
   (A) Install a new network
   (B) Instruct the workers
   (C) Take a day off
   (D) Program their own computers

6. What will the company do after the network is installed?
   (A) Give the information necessary to connect to it
   (B) Change all the log-in data
   (C) Teach the employees how to use the system
   (D) Hire more system engineers

7. What should the employees in the west wing do?
   (A) Clear their desks
   (B) Change their location
   (C) Make a designated area
   (D) Send in log-in data

**Questions 8 through 10 refer to the following blog entry.**

While shopping around for a good software program for managing my home budget, I came across a new program called Easy Budget Keeper. It was rather inexpensive, so I was skeptical about how good it was and almost passed it over. But somehow I decided to give it a try anyway. I was able to install the software quickly and effectively. I found that the interface was easy to navigate, and the spreadsheet function was simple to use. It also gave me a handy debt-reduction schedule that allows me to foresee how long it will take to pay down my debt. In this economy, it really pays to budget your expenses and keep home-related costs down. I highly recommend it for anyone who is trying to save money.

8. What is the topic of blog entry?
   (A) An expensive budgeting software program
   (B) A free budgeting software program
   (C) A cheap budgeting software program
   (D) A long-time budgeting software program

   Ⓐ Ⓑ Ⓒ Ⓓ

9. What did the writer first think about the software?
   (A) He was doubtful about its functions.
   (B) He was very excited about it.
   (C) He thought it was too expensive.
   (D) He thought it needed more features.

   Ⓐ Ⓑ Ⓒ Ⓓ

10. What is NOT listed as a feature of the software?
    (A) Forecasting the time it takes to pay a debt
    (B) Using little computer space
    (C) Easy to use interface
    (D) Simple spreadsheet function

    Ⓐ Ⓑ Ⓒ Ⓓ

*GO ON TO THE NEXT PAGE*

**Questions 11 through 13 refer to the following e-mail.**

To: Jeffrey Tessler <jtessler@soldeia.org>
From: Sabina Miller <smiller@hyacinthe.net>
Subject: My schedule

Dear Jeffrey,

Thank you so much for agreeing to meet with me during my trip to the area. I'm looking forward to showing you what our company has to offer to your retail customers. We have a wide range of items and I'm confident that many of them will suit your needs. I'd like to let you know a few openings in my schedule during my stay so that you can better schedule a time to meet with me.

  Monday: 11:00-2:00 p.m.
  Tuesday: 5:00-7:30 p.m.
  Thursday: 3:00-6:00 p.m.
  Friday: 5:00-8:00 p.m.

Please let me know at your earliest convenience if any of these times would be good for you. We can also have a meeting over lunch or dinner if you wish. I'd like at least two hours of your time, if possible.

I look forward to hearing from you.

Thanks.
Sabina

**11.** Why is Sabina writing to Jeffrey?
   (A) To plan a trip with her
   (B) To go over her travel itinerary
   (C) To make an appointment
   (D) To let him know about some new products

**12.** What does Sabina want to do?
   (A) To see Jeffrey's line of new products
   (B) To see how to sell her items well
   (C) To show Jeffrey new items for his personal use
   (D) To show Jeffrey a variety of products for his customers

**13.** How long does Sabina want to meet with Jeffrey?
   (A) No more than two hours
   (B) Two hours or longer
   (C) As long as Jeffrey wants
   (D) Twenty minutes

*GO ON TO THE NEXT PAGE*

**Questions 14 through 16 refer to the following information.**

## Student Paper Copyright Information

All students who publish papers should be aware of their rights and of the copyright laws involved. If your paper is purchased by a publisher, please know that you have the right to use it for research or other scholarly publications and to use portions of the work to be quoted in other works. You also have the right to always be clearly identified as the author of the work, and to archive it as your personal property. Please note that you also own the copyright of the first drafts and other rough copies. You also retain the right to post your work on your own personal, non-commercial website, and to use it on a non-profit presentation or speech. Please report any violations to the administrative office in order to obtain legal help.

**14.** The word "scholarly" in line 4 is closest in meaning to
   (A) dependable
   (B) accurate
   (C) reliable
   (D) academic

**15.** What is NOT listed as a student's right?
   (A) To save a work as a personal copy
   (B) To mention a portion of his or her work in another work
   (C) To sell his or her work on a personal website
   (D) To be acknowledged as the author of a work

**16.** What are students advised to do?
   (A) Follow the rules of the administrative office
   (B) Report a publisher who doesn't follow the rules
   (C) Visit the administrative office at least once
   (D) Write a legal report and turn it in

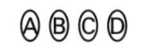

**Questions 17 through 19 refer to the following press release.**

September 10
## FOR IMMEDIATE RELEASE

The Mayor of Greenwood, John Fernham, will be giving the keys to the city to the Businessperson of the Year, Mary Shaw, on Saturday September 30. This will be taking place during a gala ceremony from 10:00 a.m. to 5:00 p.m. in front of the city hall. There will be music, performers and food stands, and the mayor will be presenting the keys to Ms. Shaw at 3:00 p.m. She will make a 15-minute speech afterward.

This ceremony is part of a yearly tradition of honoring a distinguished businessperson who has contributed to the community in some way. Ms. Shaw is being honored this year for her company's donation toward the effort to restore the city's parks.

The event is free and open to the public.

**17.** What will the mayor do on September 30?
- (A) Turn over his keys to the new mayor
- (B) Participate in a ceremony
- (C) Officiate an inauguration
- (D) Kick off an event

**18.** What is indicated about Mary Shaw?
- (A) She will hold an event.
- (B) She will donate some money.
- (C) She will give the mayor her keys.
- (D) She will give an address.

**19.** How did Ms. Shaw help the city?
- (A) She held a charity event.
- (B) She helped restore the city hall.
- (C) She gave money to help fix up the facilities.
- (D) She donated money to the mayor's campaign.

*GO ON TO THE NEXT PAGE*

**Questions 20 through 23 refer to the following letter.**

24 September

Dr. Bradley Turnbull
London H5 7FG
United Kingdom

Dear Mr. Turnbull,

We are delighted to inform you that you have been selected as a finalist for our annual Scientist of the Year award. This award is given out every year to the researcher that we feel has contributed the most to humanity through his or her work. Your ongoing research on cancer treatments using stem cells has intrigued us greatly, and this is why we have selected you. We will announce the winner of the award on October 30, and the awards ceremony will take place on November 5.

All finalists who are not selected for the top award will be receiving Honorable Mentions. So we are encouraging you to attend this ceremony whether you receive the top award or not. It will be held in the banquet room at the Westhaven Hotel at 6:00 p.m. sharp. It includes a six-course meal and formal wear is required.

Congratulations and we'll see you there.

Best Regards,
William Sather
Editor-in-Chief
Science Today Magazine

**20.** Why is Mr. Sather writing to Mr. Turnbull?
   (A) To present him with the Scientist of the Year award
   (B) To ask about his research for the Scientist of the Year award
   (C) To announce the Scientist of the Year award winner
   (D) To tell him he's up for the Scientist of the Year award

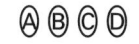

**21.** What is suggested about Dr. Turnbull?
   (A) He is a physician.
   (B) He is a medical scientist.
   (C) He is an award winner.
   (D) He is a space researcher.

**22.** The word "intrigued" in paragraph 1, line 6, is closest in meaning to
   (A) hypnotized
   (B) immersed
   (C) consumed
   (D) fascinated

**23.** What does Mr. Sather urge Dr. Turnbull to do?
   (A) Attend the ceremony only if he wins
   (B) Attend the ceremony in any case
   (C) Take part in a show
   (D) Make an acceptance speech

*GO ON TO THE NEXT PAGE*

Questions 24 through 28 refer to the following blog entry.

# Tina's Blog

June 4

## Being more assertive

Today I wanted to discuss the art of being assertive. I feel that many of us don't really act assertively, and need some help in understanding how to do it.

First, let's distinguish the differences between assertiveness and aggressiveness, as they are completely different things. And the one thing that makes them so different is respect. Assertive people respect the opinions and needs of others, while aggressive people lack that respect. When being assertive you show calm self-control when trying to get what you want, rather than being aggressive and angrily demanding it.

At the same time, to be the opposite of assertive is to be passive. While aggressiveness shows a clear lack of respect for others, passiveness displays a clear lack of respect for one's self. Being assertive means to always have a kind of quiet dignity and self-respect. And being passive will surely never get you what you want or need. I used to be a very passive person and I usually got nowhere.

In order to practice assertiveness, you need to first take a look at what you think about yourself. Do you see yourself in a negative way? If so, you will definitely lack the confidence to give your own opinion or even look someone in the eye when speaking to them. You should never linger on self-doubt and negative thoughts. Gather your thoughts and make them positive before you speak.

We will go on to Part 2 in tomorrow's blog entry

**24.** What is the main topic of this blog entry?
  (A) How to deal with aggressive people
  (B) How to ask for favors in the workplace
  (C) People who are demanding and tiresome
  (D) Being confident and decisive          Ⓐ Ⓑ Ⓒ Ⓓ

**25.** What is the one difference between assertiveness and aggressiveness?
  (A) The amount of courage
  (B) One's own opinions
  (C) The amount of respect
  (D) One's self confidence                  Ⓐ Ⓑ Ⓒ Ⓓ

**26.** What can be implied about the author?
  (A) She is a very passive person.
  (B) She was not assertive.
  (C) She is a bit aggressive.
  (D) She was aggressive but is now passive.  Ⓐ Ⓑ Ⓒ Ⓓ

**27.** According to the author, what's the first step in being assertive?
  (A) Practicing looking others in the eye
  (B) Modifying your behavior
  (C) Assessing your own personality
  (D) Becoming less aggressive               Ⓐ Ⓑ Ⓒ Ⓓ

**28.** What does the author advise doing before speaking?
  (A) Make thoughts positive
  (B) Stand up straight
  (C) Look directly in a person's eyes
  (D) Practice speaking confidently          Ⓐ Ⓑ Ⓒ Ⓓ

*GO ON TO THE NEXT PAGE*

Questions 29 through 33 refer to the following notice and e-mail.

# NOTICE

The community of Springdale will hold a series of budget workshop meetings the week of May 20-27. They will be conducted from 1:00 p.m. daily in Room 220A at the City Hall. The purpose of these workshops is to give the public a chance to provide input as to how the city's budget should be spent. Possible budget expenditures range from street, building and park improvements to events and attractions. Seating is limited, so anyone who would like to join the workshop must reserve a spot by e-mailing the city hall offices at workshop@sprindale.gov. Please include the number of people who will be attending along with their names. Everyone who attends will be asked for ID at the door.

---

**To:** workshop@springdale.gov
**From:** nfarnham@ferun.com
**Subject:** Budget workshop meetings

To Whom It May Concern:

I am interested in attending the budget workshops from May 20. However, I can only come to the first two meetings. Is that OK? Or is it required that we attend all the workshops? I have a few ideas on how the budget might be well spent for the benefit of the community that you have not listed. I would like to put them forward.

Although attendees to the workshop can voice their opinions and give their ideas, who ultimately decides which budget measures go through? And will we get this information?

I look forward to hearing from you.

Regards,
Neil Farnham

**29.** What will be the public's role at the workshops?
(A) To help by giving ideas for new building plans
(B) To give their opinions on how the city's money should be spent
(C) To decide on who will be the next council members
(D) To give input on who should control the city's budget   Ⓐ Ⓑ Ⓒ Ⓓ

**30.** In the notice, the word "expenditures" in line 5 is closest in meaning to
(A) damages
(B) values
(C) costs
(D) savings   Ⓐ Ⓑ Ⓒ Ⓓ

**31.** What would Mr. Farnham like to do?
(A) Come for only one workshop
(B) Hear the opinions of others
(C) Bring another person
(D) Attend the workshop for two days   Ⓐ Ⓑ Ⓒ Ⓓ

**32.** What does Mr. Farnham want to know about the budget measures?
(A) Who makes a final decision on them
(B) If the public can put forth ideas
(C) Who makes the decision about who will pay
(D) If the public can decide the amount for the budget   Ⓐ Ⓑ Ⓒ Ⓓ

**33.** What idea does Mr. Farnham most likely have?
(A) Road repairs
(B) Employment support
(C) Park renovations
(D) City marathons   Ⓐ Ⓑ Ⓒ Ⓓ

*GO ON TO THE NEXT PAGE*

**Questions 34 through 38 refer to the following memo and e-mail.**

Date: June 8
From: Richard Christiansen
To: All employees
Subject: Carpet installation

Please remember that from Tuesday next week, we will be having new carpet installed throughout the entire office. This will proceed until Friday. There may be some inconvenience to all of you and some of you may be sensitive to noise and certain odors. Anyone who has allergies to adhesive materials or who will feel bothered by this work is asked to contact the general manager to discuss the situation. We may arrange for you to work at the branch office or from home if deemed necessary. The cafeteria will be open as usual.
Thanks for your understanding.
Richard

---

To: rballard@frod.org
From: llinton@frod.org
Subject: Carpet installation concerns

Hi Richard,
I just wanted to let you know that I am highly allergic to glue of all kinds, and am concerned about the adhesive materials being used during the carpet installation. Could you please find out precisely what the substance is? There may be a chance that it is a non-allergenic type. If it's not, then I would like to request to work at home, as the branch office is out of the way and I will lose time just from the commute.
Please let me know.
Thanks,
Lynn

**34.** Why did Richard Christiansen send the memo?
   (A) To tell employees the carpet installation is harmless
   (B) To ask employees if they prefer to have new carpeting
   (C) To let employees know about a construction inconvenience
   (D) To get a vote on a new carpet installation

**35.** What is implied in the memo?
   (A) Some employees may become ill.
   (B) All employees will have to relocate.
   (C) Noise will be kept to a minimum.
   (D) The cafeteria may be closed.

**36.** In the memo, the word "deemed" in line 8 is closest in meaning to
   (A) caught
   (B) esteemed
   (C) considered
   (D) experienced

**37.** What is NOT indicated in the memo?
   (A) The cafeteria opening hours
   (B) That the cafeteria will be open
   (C) That management will decide who can work at home
   (D) That the carpet installation may be noisy

**38.** What does Lynn ask Richard to do?
   (A) Work for her because she suffers from allergies
   (B) Make sure the glue doesn't cause an allergic reaction
   (C) Find out if she has to work even though she has allergies
   (D) Buy some new adhesive for installing the carpet

*GO ON TO THE NEXT PAGE*

**Questions 39 through 43 refer to the following advertisement and form.**

## Business Course for Adults

Do you want to start your own business, but are having trouble implementing your own business plan? Having a well thought out business plan is crucial for getting potential investors. They want to know your strategy before investing into your company. Our courses are designed to help you put together a solid business plan that will attract their attention. In one of our courses, you will learn how to make the proper projection calculations so that investors can calculate the value of their investment easily. We will teach you how to avoid putting in too much information and overselling your plan in all of our courses. We offer two-day, one-week or four-week courses and the longer you attend, the more detailed your plan will be. Just fill out the attached form and fax it to us, or access our online form at www.strategyu.edu to sign up!

**Name:** *Nathan Lee*
**Address:** *23 Kale Blvd.*
**Phone:** *834-9861*
**Type of course:** *One week*

### Two days
9:00-8:00 p.m. Saturday and Sunday intensive course for a basic business plan with strategies on how to attract investors and secure a contract

### One week
9:00-5:00 p.m. Monday–Sunday course for a more detailed business plan (includes R&D) that will be designed to attract multiple small investors who may be related to the field

### Four week
10:00-3:00 p.m. Month-long course for a comprehensive business plan (includes R&D and projections) that will be designed to attract corporate or big-name investors and those who own publicly-listed companies

*Call us to find out about our comprehensive year-long program*

**Payment:**
Credit card [ ]
   Number:
Bank transfer [ X ]
   Send to
   Strategy Education
   United Heritage Bank
   SWIFT UNIH
   Account: 3728992

**Comments:**
*I was wondering if it would be all right to pay by check instead. Also, I would like to leave earlier every day in order to go to work. Would this be possible? Please let me know. Thanks*

→
**GO ON TO THE NEXT PAGE**

**39.** What kind of course is being offered?
   (A) A strategy course
   (B) An investment course
   (C) A management course
   (D) A business plan writing course

**40.** In the advertisement, the word "implementing" in line 2 is closest in meaning to
   (A) commanding
   (B) handling
   (C) accomplishing
   (D) swinging

**41.** What is implied about Nathan Lee?
   (A) He is employed.
   (B) He doesn't have sufficient funds.
   (C) He has a credit card.
   (D) He is interested in the longest course.

**42.** Which course does the advertisement recommend?
   (A) The two-day course
   (B) The month-long course
   (C) The one-week course
   (D) The year-long course

**43.** What does Nathan Lee want to do?
   (A) Take an extra hour one day and pay by check
   (B) Pay by different means
   (C) Pay half of the course by check and leave earlier
   (D) Take the one month course

**Questions 44 through 48 refer to the following e-mails.**

To: Lisa Cranson
From: Mark Redford
Subject: Your outstanding payment——account 366453
Date: November 15

Dear Ms. Cranson,

According to our records, your next loan installment payment is 14-days overdue. The outstanding amount is $7,200. As your personal account manager, I ask that you settle this amount immediately. Please note that there is an extra 15% charge added as a late payment fee. An outstanding amount that goes over 20 days will have a late payment fee of 20%.

If you have already made payment, please disregard this notice.

If you are having difficulties paying the amount or would like to change your repayment schedule, please contact me at 818-923-8307. I will try to work out the best solution based on your finances.

I look forward to your immediate reply.

Best regards,
Mark Redford

To: Lisa Cranson
From: Mark Redford
Subject: RE: Your outstanding payment——account 366453
Date: November 20

Dear Ms. Cranson,

Thank you for contacting me about changing your repayment schedule. I understand you are currently going through a financial crisis. I also understand that you do not wish to default on your debt or to claim bankruptcy, and I will do all that I can to prevent that.

We have received your request of a monthly payment of $5,000 rather than the current $7,200 until your shop's sales improve. We have approved your requested payment schedule for a period of one year. We will review the schedule for continuation after the one-year period.

Please note that the new schedule is effective immediately.

Best regards,
Mark Redford

**44.** What is the purpose of the first e-mail?
   (A) To tell a customer about a late charge
   (B) To remind a customer of a late payment
   (C) To introduce a new late payment fee
   (D) To let a customer know about a new schedule

**45.** What does Mr. Redford mention about the next payment?
   (A) It should be disregarded.
   (B) It needs to have a new payment plan.
   (C) It includes a 15% late fee.
   (D) It must be paid in 20 days.

**46.** Who is Ms. Cranson?
   (A) She is a real estate broker.
   (B) She is a bank employee.
   (C) She is Mr. Redford's colleague.
   (D) She is a business owner.

**47.** What does Ms. Cranson want to avoid?
   (A) Making a payment
   (B) Going out of business
   (C) Paying a late fee
   (D) Making too many payments

**48.** What can be implied about Ms. Cranson?
   (A) She wants to file for bankruptcy.
   (B) She sent Mr. Redford an e-mail.
   (C) She called Mr. Redford.
   (D) She made a $5,000 payment.

*GO ON TO THE NEXT PAGE*

# TEST 3

**問題** 解答用紙 ▶ p.117

Questions 1 through 2 refer to the following telephone memo.

### A Message While You Were Away

| To: | Jonas Sterling |
|---|---|
| From: | Vanessa Newly |
| Telephone number: | 876-555-0987 |
| Date: | October 7 |
| Time: | 3:15 |
| Message: | Ms. Newly would like to remind you that the date of the next shareholder's meeting has been changed to October 10 from the 12th, and also that it will begin one hour later at 7:00 p.m. Please remember to bring copies of the first-quarter figures. There will be 25 people attending. |

1. Why did Ms. Newly call Mr. Sterling?
    (A) To prepare an important document for her
    (B) To have him call her back immediately
    (C) To invite him to a shareholder's meeting
    (D) To remind him of a schedule change

2. What time was the original meeting scheduled for?
    (A) 7:00 p.m.
    (B) 8:00 p.m.
    (C) 6:00 p.m.
    (D) 9:00 a.m.

Questions 3 through 4 refer to the following coupon.

**Receive 10% off your next purchase of selected Dashfort Dairy products with this coupon.**

Eligible for the following products:

> Vanilla yogurt 12 oz.
> Chocolate Pudding 6 pack
> Sliced cheese pack
> 1 gallon milk

This coupon is only valid from May 15 to May 30 at all Greene's Markets.

Please access our web site at greenesmarkets.org for more savings on a variety of products.

3. What is this coupon for?
   (A) Twelve packs of pudding
   (B) A free gallon of milk
   (C) A discount on chocolate
   (D) Savings on milk-based items

4. What is true about Greene's Market?
   (A) It has an online shop.
   (B) It has more than one shop.
   (C) It sells only dairy products.
   (D) It issues a coupon without a time limit.

*GO ON TO THE NEXT PAGE*

**Questions 5 through 7 refer to the following Web page.**

http://www.newcuttingedgecreations.com/index.html

| Home | Products | Online Shop | Retail Shops | Contact Us | Site Map | FAQ |

# CUTTING-EDGE CREATIONS
## Smart new products that improve your life

**Free shipping on all orders over $500**

**New items:**

### Electric toothbrush with two heads
The ultimate way to get your teeth clean.
Comes with money-back guarantee.     *$55*

### Handheld movie projector
Show your movies on the spot, anywhere,
with this handy portable projector.     *$500*

### Electric shirt and pants
Battery-powered current helps keep you warm in the winter

| | |
|---|---|
| Shirt: | *$150* |
| Pants: | *$250* |
| Set: | *$350* |

*If you purchase any new item along with our regular items, you can get an additional 10% off.

5. What is offered on this Web page?
   (A) A shipping service
   (B) Technological information
   (C) Antiques
   (D) Innovative products

   Ⓐ Ⓑ Ⓒ Ⓓ

6. What is NOT indicated on the Web page?
   (A) A customer who buys both the electric shirt and pants can save money.
   (B) There is a 10% additional discount on shipping.
   (C) Orders over a certain amount qualify for free shipping.
   (D) The movie projector is easy to carry anywhere.

   Ⓐ Ⓑ Ⓒ Ⓓ

7. What must a customer do to receive a 10% discount?
   (A) Buy one regular item and one electric shirt
   (B) Buy two electric shirts
   (C) Buy more than one regular item
   (D) Buy over 500 dollars worth of goods

   Ⓐ Ⓑ Ⓒ Ⓓ

*GO ON TO THE NEXT PAGE*

Questions 8 through 10 refer to the following itinerary.

## Conference Itinerary

### Monday 7/13

| | |
|---|---|
| 6:15: | Meet at Easton train station in front of gate 45, train #4675 depart 6:35 a.m. |
| 9:15: | Arrive in Elmwood, board bus |
| 10:00-12:00: | Business strategy conference and Q&A at IMA headquarters |
| 12:00-2:00: | Lunch at local restaurant Le Bistro |
| 2:30-4:30: | "Knowing your Customers" presentation at Darner Hall |
| 4:45-6:15: | Q&A with CEO of Forsythe Industries |
| 6:15-8:00: | Dinner at the Peacock Room |

### Tuesday 7/14

| | |
|---|---|
| 10:00-12:00: | Business networking seminar at Johnson Place |
| 12:00-2:00: | Lunch at Martin restaurant |
| 2:00-4:00: | General manager's meeting at Wright Hall |
| 4:00-6:00: | Product sales brainstorming session |
| 6:00-8:00: | Dinner at Renfferts |
| 8:30: | Meet at Elmwood train station in front of gate 35A, train #3426 |

Please wear business attire throughout the entire conference period. Accommodations provided

8. Who is this itinerary most likely for?
   (A) Factory workers
   (B) Business executives
   (C) Restaurant workers
   (D) Students

9. When will the participants leave for the trip on Monday?
   (A) At 10:00 a.m.
   (B) At 9:15 a.m.
   (C) At 6:35 a.m.
   (D) At 6:15 a.m.

10. What is indicated about the conference?
    (A) It contains five meals.
    (B) It finishes before six.
    (C) It takes place at the same location.
    (D) It requires certain clothing.

*GO ON TO THE NEXT PAGE*

**Questions 11 through 13 refer to the following notice.**

# NOTICE

Please note that the line 3 train connection will be closed from April 3 to April 20 for track maintenance. Those who need to get to Grangeville, Bellington, Dearborne and Fuller stations during this period may change to lines 4, 6 and 7 at Hartford. There will also be a bus shuttle service available at Gerber main station that will travel the same route as line 3 for your convenience. Those who will have trouble with their commute as a result of this maintenance are encouraged to call the train office at 303-987-2782 and our staff will find the most convenient route for you. Line 3 service will resume by 10:00 a.m. April 20. Thank you for your cooperation.

**11.** What is the purpose of this notice?
- (A) To inform commuters about a new train line
- (B) To inform commuters about a closed train line
- (C) To inform commuters about a convenient train route
- (D) To inform commuters about an available bus shuttle service

Ⓐ Ⓑ Ⓒ Ⓓ

**12.** What can commuters do at Hartford?
- (A) Visit the train office
- (B) Take a shuttle bus
- (C) Walk to Fuller station
- (D) Transfer to different lines

Ⓐ Ⓑ Ⓒ Ⓓ

**13.** What is NOT listed as a solution?
- (A) A bus service
- (B) Asking the staff
- (C) A new line that follows the route
- (D) Transfer at another station

Ⓐ Ⓑ Ⓒ Ⓓ

*GO ON TO THE NEXT PAGE*

**Questions 14 through 16 refer to the following e-mail.**

To: Jay Withers
From: Nora Edson
Subject: Tomorrow's meeting with the client
Date: May 11

Hi Jay,

I wanted to touch base with you about tomorrow's meeting, as it is a very important client for us. I think we need to make a few preparations.
First of all, as the meeting is around lunchtime, I think it would be a good idea to serve some light beverages and snacks. I'm expecting it to be a rather long meeting, and we want the client to feel comfortable. We don't want him to be anxious to leave, due to hunger or thirst.
Next, I found a few errors in the presentation that should be sorted out immediately. I'm working on it now, but would like to discuss the changes I made with you later today. Will you be available any time after 3:00?
Let's also arrange for Sara to take the minutes at the meeting. We will want to review everything we discussed later, as a matter of course.
Please let me know a time that you can meet ASAP.

Regards,
Nora

**14.** Why is Nora writing to Jay?
  (A) To ask for a favor
  (B) To ask him to redo a presentation
  (C) To tell him about the client they are meeting
  (D) To tell him about preparations for a meeting

**15.** What would Nora like to do during lunchtime?
  (A) Take the client to lunch
  (B) Serve the client refreshments
  (C) Adjourn the meeting
  (D) Order some take-out food

**16.** What is indicated about the meeting minutes?
  (A) They will be arranged by the client.
  (B) They will be followed by a meeting.
  (C) They will be taken by Nora.
  (D) They will be written by Sara.

*GO ON TO THE NEXT PAGE*

**Questions 17 through 19 refer to the following information.**

One of the biggest expenses in a household is food. These days, it is quite costly to feed a family. As food and crop prices rise, there are certain things you can do to save money on your food bill.

**Coupons:** Take advantage of the coupons in your local newspaper. They can reduce your shopping bill greatly.

**Eat at home and not at restaurants:** Eating out can take a big bite out of your monthly food budget.

**Buy only what you will use:** Don't spend money on food you will never eat.

**Shop on a full stomach:** If you shop when you are hungry, you'll buy too much food that you may never eat.

**Avoid fast food:** Not only is a fast food diet bad for your health, it's also expensive.

**Plan every meal:** Carefully plan meals with proper amounts.

**Eat leftovers:** Don't let leftover food go to waste.

If you follow these tips, you can save hundreds of dollars annually. For more tips and information, see our website at www.foodbudgetsavings.com

**17.** What is the purpose of the information?
- (A) To offer discounts on food
- (B) To give tips on saving money
- (C) To warn people about bad diets
- (D) To tell people about some new ideas

Ⓐ Ⓑ Ⓒ Ⓓ

**18.** What is suggested about eating at restaurants?
- (A) It costs too much money.
- (B) It's bad for your health.
- (C) Restaurants are not sanitary.
- (D) The food is not good.

Ⓐ Ⓑ Ⓒ Ⓓ

**19.** What is NOT advised in the information?
- (A) To cut down on calories
- (B) To avoid buying excess food
- (C) To redeem coupons
- (D) To decide what to eat in advance

Ⓐ Ⓑ Ⓒ Ⓓ

*GO ON TO THE NEXT PAGE*

**Questions 20 through 23 refer to the following letter.**

# Association of Aerospace Research

17 June

Dr. Hans Trimbach
GLDK Institute
Berlin Germany

Dear Dr. Trimbach,

As you know, every year at the AAR we host a series of lectures from researchers in the field to present their latest projects and findings. We, and most of the academic scientific community, are very much interested in your research regarding supersonic flight. We have eagerly followed your reports and were quite pleased to learn of some new breakthroughs you discovered for reducing the take-off and landing noise associated with such flights.

Therefore, we would be quite honored if you would accept our invitation to speak at this year's event. It will be held August 25-29 from 2:00 p.m. in our main lecture hall. Each lecture should be around three to five hours. We would like it if you would take the August 26 slot.

We will have other notable speakers, many of whom are your colleagues.

Please let me know at your earliest possible convenience.

Yours truly,
Sam Winston
AAR Director

**20.** What does Dr. Trimbach do?
  (A) He makes supersonic aircraft.
  (B) He breaks the speed of sound with flight.
  (C) He reports on the safety of flights.
  (D) He studies fast airplane flight.          Ⓐ Ⓑ Ⓒ Ⓓ

**21.** What is Sam Winston particularly interested in?
  (A) Listening to Dr. Trimbach speak about his noise reduction findings
  (B) Working with Dr. Trimbach to find the best solution to airplane noise
  (C) Lecturing in front of Dr. Trimbach about supersonic flight
  (D) Associating Dr. Trimbach to supersonic flight breakthroughs
                                                 Ⓐ Ⓑ Ⓒ Ⓓ

**22.** When will Dr. Trimbach speak?
  (A) The first day of the event
  (B) The last day of the event
  (C) The second day of the event
  (D) The third day of the event                Ⓐ Ⓑ Ⓒ Ⓓ

**23.** The word "notable" in paragraph 3, line 1 is closest in meaning to
  (A) critical
  (B) historic
  (C) glaring
  (D) distinguished                             Ⓐ Ⓑ Ⓒ Ⓓ

*GO ON TO THE NEXT PAGE*

Questions 24 through 28 refer to the following article.

# Exploring Online Education
## by Terence Dale

There is much to be said about online educational institutions these days. They are growing in numbers, and many busy professionals utilize online resources in order to further their education. It's very common to see higher degrees, such as MBAs, offered through online education. In today's busy world, online education seems to be the solution for many looking to upgrade their qualifications.

There are many drawbacks, however, to this kind of education. The primary problem is a lack of correspondence between the teacher and the students. Online classrooms are often confined to videotaped lectures that do not allow for questions. Also, online learning is not so different from learning from textbooks on your own.

But the real question is: Can you learn as much in an online classroom as in a traditional one? One particular study done by the Department of Education revealed that online learning is a bit better than conventional learning. The main reason for this is that online learning courses today can be tailored specifically to a student's needs. And there are many who believe that students who have the freedom to study on their own at any hour can take in more information and remember more.

And what about the costs of online learning versus conventional learning? Students can save money by choosing an online learning environment. There are no physical classroom costs, such as rent for a building, no big expenses for staff or textbooks and other supplies. So ultimately the choice of an online learning environment versus a classroom one may come down to cost for many potential students. In this sense, could online learning be the wave of the future?

**24.** What is the main topic of this article?
   (A) Conventional learning environments
   (B) Advantages and disadvantages to online learning
   (C) Alternative means of education
   (D) Drawbacks of online learning

**25.** What is suggested about online education?
   (A) It is not easy to accomplish.
   (B) It isn't preferable over conventional learning.
   (C) It is only for those who seek higher degrees.
   (D) It can be difficult to interact.

**26.** The word "lack" in paragraph 2, line 4, is closest in meaning to
   (A) shrinkage
   (B) defect
   (C) insufficiency
   (D) necessity

**27.** What is NOT listed as a disadvantage to online learning?
   (A) It's similar to learning from a textbook.
   (B) Its classes are scheduled for certain time periods.
   (C) It tends to use videotaped lectures.
   (D) It doesn't give the chance to ask a teacher questions.

**28.** According to the article, what will most students base their choice on?
   (A) The price of learning online
   (B) The convenience of learning online
   (C) The reputation of learning online
   (D) The quality of the online staff

*GO ON TO THE NEXT PAGE*

**Questions 29 through 33 refer to the following e-mail and list.**

To: Paul Strauss
From: Joselyn Harris
Subject: New trainees
Date: December 4

Hi Paul,

I just wanted to send along the list of the new trainees, and the schedule for next week's employee training. As you are in charge of the HR department and the new recruits, I hope that you will see to it that things run accordingly and stay on schedule.

You will notice that there are a couple of names crossed off the list. These were new employees that changed their minds and decided not to work for us after all. There is also a part of the schedule that has been crossed out. We are in the process of deciding what to replace that section with and we'll let you know by noon tomorrow.

If you have any questions please call me after 3:00 today.

Regards,
Jos

### Employees

| | | |
|---|---|---|
| John Hildebrand | Lee Yew | Sarah Steinbeck |
| Antonio Cassela | Nelson Briggs | ~~Carolyn Pratt~~ |
| Jamie Haust | Benson Wei | ~~Yuri Gobewitz~~ |

### Employee Training Schedule

Hand out employee handbook, go over rules and regulations
Review sales and marketing techniques with role play
Timecards and how to write daily reports
Product review and Q&A
~~Comprehensive exam~~

Each training day will begin at 10:00 a.m. and end at 5:00 p.m. Please make a record of any trainee who is absent, late or leaves early.

**29.** What is the purpose of Joselyn Harris' e-mail?
 (A) To remind Paul of his duties for the employee training
 (B) To ask Paul to make up a new schedule
 (C) To send Paul an employee trainee list and schedule
 (D) To schedule an appointment with Paul

**30.** What is most likely Paul's job?
 (A) An employee recruiter
 (B) An HR trainee
 (C) An employee consultant
 (D) The HR director

**31.** Why is there a line through two employees' names on the list?
 (A) They were fired.
 (B) They left the company.
 (C) They are ill.
 (D) Their names are wrong.

**32.** What part of the training is now under consideration?
 (A) An exam that covers everything
 (B) A question and answer session
 (C) Rehearsing a sales pitch
 (D) Learning how to write reports

**33.** What will happen tomorrow morning?
 (A) The training will begin.
 (B) Paul will contact Joselyn.
 (C) Joselyn will call Paul.
 (D) The employee handbook will be made.

*GO ON TO THE NEXT PAGE*

**Questions 34 through 38 refer to the following e-mail and memo.**

From: Karen Hill
To: George Bryson
Subject: Preparations for end-of-year party
Date: December 5

Hi George,

We need to get together and decide the venue and other things for the end-of-the-year company party. I realize that we are already into December and it's a little late to start planning it now, but better late than never, I suppose.

I was thinking of holding the dinner at either the Grand Hotel banquet room or the Palace restaurant. We will have to check and see which venue can accommodate us. I also want to make sure that the menu has a diverse selection so that we can be sure to have something for everyone. I think they charge by an hourly plan, so I think we should book for at least four hours, as two hours is too short.

Let's meet on Monday and discuss it, and get a memo out to the staff about it once we have decided everything.

Regards,
Karen

## MEMO

From: Karen Hill
To: All staff
Subject: Year-end party

Hi all,

I wanted to send you all the details for our end-of-the-year party. Please note that you are allowed to bring only one guest, and no one under 21.

This year the party will be held at the Palace restaurant on December 28 from 8:00 p.m. to midnight. You will have your choice of four three-course meals. One fish, one beef, one chicken and a vegetarian choice. There will also be a wide choice of beverages. After dinner a live jazz band will be performing and there is also a dance area.

Valet parking will be available in front of the restaurant. The dress attire should be formal.

Please RSVP with your name and the name of your guest before December 22 to the HR department.

Best,
Karen

**34.** What was the purpose of Ms. Hill's e-mail to Mr. Bryson?
   (A) To remind him to organize an event
   (B) To meet with him to discuss a new-year party
   (C) To ask him to make reservations
   (D) To tell him to choose a hotel for the party

**35.** What do Ms. Hill and Mr. Bryson need to check?
   (A) Open dates for holding a company party
   (B) How many people are vegetarians for a dinner
   (C) The number of attendees to a party
   (D) A location that is available for a party

**36.** In the e-mail, the word "diverse" in paragraph 2, line 4, is closest in meaning to
   (A) mixed
   (B) particular
   (C) distinct
   (D) altered

**37.** In the memo, what is NOT mentioned about the party?
   (A) Employees must decide their menu choice in advance.
   (B) There will be a variety of meals to choose from.
   (C) There will be live music and a dance floor.
   (D) It lasts four hours.

**38.** What must the party attendees do?
   (A) Wear casual clothes
   (B) Reply in advance
   (C) Ask for permission to bring a guest
   (D) Meet with George

Questions 39 through 43 refer to the following notice and letter.

## NOTICE-Product Recall

### Hansen's Strawberry Jam

This is a recall notice for those who have purchased the 16 oz. jar of Hansen's Strawberry Jam. Some of the jars were found to contain pieces of glass. The public is urged to not consume the contents of these jars and to discard them immediately. If you have purchased this item, please send your receipt to Hansen's to receive a refund and two new jars. If you do not have a receipt, please send the lid of the jar before discarding. The product has already been cleared from all supermarket shelves. Please send your receipt or jar lid to Hansen's Recall, 20 Mason Drive, Box 736 Kansas City, Kansas 83767. Please remember to include your return address, the name of the store where you purchased the jar, and any other comments.

*GO ON TO THE NEXT PAGE*

Hansen's Recall
20 Mason Drive, Box 736
Kansas City, Kansas 83767

To Whom It May Concern,

I have enclosed two lids for two 16-ounce jars of your recalled strawberry jam. Will I be refunded for both jars? I had already opened one of the jars and consumed half of it before I saw the recall notice, but I didn't find any pieces of glass. Nonetheless, I wanted to be extra careful, so I discarded it and the unopened jar.

Please send my refund and new jars of jam to:

Sylvia Case
3829 Lilian Way
Townsville, Pennsylvania 37283

I purchased the jars of jam at Mercury Market on Front Street. It's around the corner from me. They don't seem to be carrying it anymore, as I noticed it was not on the shelves the last time I shopped there.

Best regards,
Sylvia Case

**39.** What is the main purpose of the notice?
  (A) To warn people not to eat a particular product
  (B) To ask people to send in jar lids
  (C) To let people know about a rebate on jars of jam
  (D) To tell people to write with their product complaints  Ⓐ Ⓑ Ⓒ Ⓓ

**40.** What is NOT mentioned in the notice?
  (A) The flavor of the jam
  (B) The problem with the jam
  (C) The price of the jam
  (D) The address to send a receipt  Ⓐ Ⓑ Ⓒ Ⓓ

**41.** Why did Sylvia Case write a letter?
  (A) To complain about a product
  (B) To get a refund for a defective product
  (C) To send a report about a product
  (D) To change her shipping address for a product  Ⓐ Ⓑ Ⓒ Ⓓ

**42.** What is implied in Sylvia Case's letter?
  (A) The recall hasn't been finished yet.
  (B) The recall has been accomplished.
  (C) The refund has been given.
  (D) The refund has been suspended.  Ⓐ Ⓑ Ⓒ Ⓓ

**43.** Where did Sylvia Case buy the jam?
  (A) From a shop in Kansas
  (B) From an online shop
  (C) At Hansen's
  (D) At a local supermarket  Ⓐ Ⓑ Ⓒ Ⓓ

*GO ON TO THE NEXT PAGE* →

Questions 44 through 48 refer to the following advertisement and e-mail.

# Workshops for Artists

The Westwood Art Academy will hold special summer session workshops from August 3 to August 27, and several top artists will be among the guest lecturers. Talents such as painters Maggie Teasedale and Tom Firth will discuss their styles with the attendees. Other lectures will be held on composition, surrealism, sketching and color mixing. Whether you're an amateur or a seasoned professional, you will improve your skills by attending this course. To join, just send an e-mail to artworkshop@waa.com with your name and address and any questions you might have, and tell us why you would like to join our course. Spaces are limited, so act now.

| | |
|---|---|
| Price for course: | $1,000 |
| Supplies: | $200 |

To: artworkshop@waa.com
From: Janice <jwarner@dellon.org>
Subject: The art workshop

Hi,

I'm interested in joining the art workshop but had a few questions. I am a painter who uses only watercolor, but am taking the workshop in order to learn other mediums. Can you tell me what kinds of paints you will go over? I also have my own supplies. In that case, will I have to still pay the fee for the supplies?

I've attempted to use acrylic and oil paints in the past but could never really understand how to use them properly. I would like to have a better understanding about how to use them. This is why I am interested in taking your course. Also, I know that the artists you mentioned are very accomplished oil painters and therefore I feel that I can learn a lot from them.

I will decide if I will join the course after I hear from you.

Thanks very much.

Janice Warner

**44.** What is the advertisement for?
- (A) A special way to paint
- (B) A new school for artists
- (C) A special event both for amateurs and professionals
- (D) A performance by a famous artist

Ⓐ Ⓑ Ⓒ Ⓓ

**45.** What is implied about the guest lecturers?
- (A) They will discuss color mixing.
- (B) They are very well-known painters.
- (C) They have lectured many times before.
- (D) They know the attendees personally.

Ⓐ Ⓑ Ⓒ Ⓓ

**46.** What is the purpose of the e-mail?
- (A) To get payment details for an event
- (B) To suggest other painting styles
- (C) To sign up for a course
- (D) To get answers to a few questions

Ⓐ Ⓑ Ⓒ Ⓓ

**47.** What did Janice Warner do in the past?
- (A) Take an art workshop
- (B) Try different styles
- (C) Master oil painting
- (D) Paint only in watercolor

Ⓐ Ⓑ Ⓒ Ⓓ

**48.** What did Janice Warner notice in the ad?
- (A) Some of the guest artists are oil painters.
- (B) A color mixing course is offered.
- (C) It's a course for people of all skill levels.
- (D) They have a watercolor course.

Ⓐ Ⓑ Ⓒ Ⓓ

# TEST 4

**問題** 解答用紙 ▶ p.119

Questions 1 through 2 refer to the following notice.

> ## Teeno's cornflakes flash sale
> ## Every box only $1.00
>
> To make room for new Teeno's cereal items we are selling our entire stock of Teeno's cornflakes for one day only! This flash sale will happen on Friday, September 12, between the hours of 10:00 a.m. and 3:00 p.m. only. Be sure you shop at our store on that day to take advantage of this one-time only offer! Come early to be sure that there will be stock on hand.
> *only two items per customer
>
> Thank you for shopping at Bailey's.

1. What is the notice for?
   - (A) A discount on cereal
   - (B) A contest
   - (C) A refund on cornflakes
   - (D) Free cornflakes                      Ⓐ Ⓑ Ⓒ Ⓓ

2. What is indicated about the sale?
   - (A) Customers should buy as much as they can.
   - (B) Customers should show up at 10:00 a.m.
   - (C) It will happen over the weekend.
   - (D) It will take place all day long.       Ⓐ Ⓑ Ⓒ Ⓓ

Questions 3 through 4 refer to the following schedule.

### Schedule for the Gateway Motors Room at April 4 Conference

| | |
|---|---|
| 10:00 a.m. | CEO Murray speaks about new trends in car design |
| 12:00 p.m. | Break for 2-hour lunch in Starlight Banquet Room |
| 2:00 p.m. | R&D and its future outlook within the company, presented by Joel Schmidt |
| 4:00 p.m. | Matthew will discuss changing the budget requirements for upcoming projects |
| 5:00 p.m. | Q&A on sales and marketing for new and existing products with Charlotte Baker |
| 7:00 p.m. | Closing dinner at Chez Leon restaurant |

Please initial the copy of the schedule and return it to the manager by March 30.

3. Who is this schedule most likely for?
   (A) Employees
   (B) Stockholders
   (C) Competitors
   (D) Distributors

4. What will be discussed at the conference?
   (A) Keeping the current budget as is
   (B) Future outlook of the industry
   (C) New trends in marketing
   (D) Budget needs for future projects

GO ON TO THE NEXT PAGE

**Questions 5 through 7 refer to the following wanted ad.**

## Property Manager Wanted—Corse Properties

Seeking a full-time manager who can manage three office buildings downtown that contain 20 offices each. Main duties are to be in charge of leasing the space, to collect rental payments and act as a liaison between the landlord and the tenants.

**Other duties include:**
- Keeping track of zoning rules, traffic and parking around the premises
- Coordinating payments of all related building expenses including property tax
- Arranging maintenance and repairs with local companies

**Required:**
- Good negotiation and communication skills
- Team player
- Well-groomed with proper business attire
- Computer and spreadsheet software skills
- Punctuality

Interested candidates please send a résumé with a cover letter to job@corse.com.
No phone calls please.

5. What is suggested about the position?
   (A) It is part-time.
   (B) It belongs to a management team.
   (C) It requires selling properties.
   (D) It requires managing commercial facilities.

   Ⓐ Ⓑ Ⓒ Ⓓ

6. What is NOT listed as a duty?
   (A) Collecting payments
   (B) Arranging all repairs
   (C) Renting out spaces
   (D) Taking orders

   Ⓐ Ⓑ Ⓒ Ⓓ

7. What must someone who wants the job do?
   (A) Send a registered letter
   (B) Send an e-mail
   (C) Call the company
   (D) Make an appointment

   Ⓐ Ⓑ Ⓒ Ⓓ

*GO ON TO THE NEXT PAGE*

**Questions 8 through 9 refer to the following e-mail.**

**From:** Wesley Higgins
**To:** All staff
**Subject:** Company picnic
**Date:** July 18

Dear all,

We're in the midst of summer and the weather is fantastic so it's the perfect time for our annual summer picnic. I'm planning to have it on Sunday, July 30 as the next day is a company holiday and you will all have a chance to take a rest afterward.

It'll start from 11:00 a.m., and there will be free food, drinks, and games with prizes as usual. But this year I decided to add something new: Live music. I've hired the Jimmy Jam Band to entertain us so I hope you all will enjoy it. We'll wrap things up at around 8:00 p.m.

You can bring your families, but please let Fran in personnel know how many you will bring as soon as possible. We need to estimate the amount of food we'll need.

Thanks.
Regards,
Wes

8. What is different about this year?
   (A) There will be prizes with the games.
   (B) There will be free food and beverages.
   (C) There will be a performance.
   (D) There will be games.                              Ⓐ Ⓑ Ⓒ Ⓓ

9. What is NOT mentioned in the e-mail?
   (A) The time the event finishes
   (B) Making sure about how much food is needed
   (C) The holiday for the company
   (D) The company anniversary                            Ⓐ Ⓑ Ⓒ Ⓓ

*GO ON TO THE NEXT PAGE*

**Questions 10 through 12 refer to the following memo.**

# MEMO

To: All staff
From: Maintenance
Subject: Faulty heating units

Hi all,

We have received several complaints from the some staff members on the fourth floor about the heaters. Apparently only one is working properly. Two do not work at all, and the other four seem to be overheating. Our crews will be working on this problem next Monday, January 10th. On that day we will have to shut down all the heating units in the building in order to do the repairs. Therefore we advise you to dress warmly on that day. We will be providing small personal heaters at your desks. We are hoping to solve the problem by Tuesday morning.
Thank you for your cooperation.

Regards,
Ray Paulson
Maintenance manager

**10.** What is the problem with most of the heaters?
   (A) They don't work at all.
   (B) They are running slowly.
   (C) They get too hot.
   (D) They are too cold.

**11.** What is indicated about the repairs?
   (A) Some units will continue to operate during repairs.
   (B) They will take more than two days.
   (C) They will be finished in the evening.
   (D) Paulson's staff will work on them.

**12.** What would Mr. Paulson like the employees to do?
   (A) Leave the building
   (B) Wear warm clothing
   (C) Bring personal heaters
   (D) Move to a different floor

*GO ON TO THE NEXT PAGE*

**Questions 13 through 15 refer to the following press release.**

*FOR IMMEDIATE RELEASE*
February 1
Contact: Lyle Peterson, PR agent

## Destar New Product and Website Launch

**LOS ANGELES:** Destar will launch their new interactive website as well as their new product, Wireless Buds. Wireless Buds are micro headsets that are form-fitting buds that fit snugly into the ear canal. They provide the ultimate sound experience and are noise-cancelling. The buds are made of soft silicone, and are not visible to others. You can listen to anything, anywhere with complete privacy.

CEO Jason Destar says "We wanted to create something that was more dynamic than regular headsets but much more inconspicuous. In this way, others cannot know that you are listening to music or anything else. This is something that even our competitors cannot match."

The Wireless Buds and the website will be launched on March 1. For more information, contact Lyle Peterson.

# # #

**13.** What is true about the press release?
- (A) It introduces Lyle Peterson.
- (B) It announces regular headsets.
- (C) It announces new listening devices.
- (D) It introduces a wireless device.

Ⓐ Ⓑ Ⓒ Ⓓ

**14.** What is special about the product?
- (A) They are very inexpensive.
- (B) They have a great sound and a thin wire.
- (C) They are attractive-looking.
- (D) They are small but have great sound.

Ⓐ Ⓑ Ⓒ Ⓓ

**15.** The word "inconspicuous" in paragraph 2, line 3 is closest in meaning to
- (A) blurry
- (B) imperceptible
- (C) vague
- (D) indefinite

Ⓐ Ⓑ Ⓒ Ⓓ

*GO ON TO THE NEXT PAGE*

**Questions 16 through 19 refer to the following advertisement.**

# JetCloud Airlines
## Always Flying High.

Next time, fly with us. We have many new offers! From April, we will have fewer baggage restrictions and offer more low-cost flights. From May we will start awarding generous mileage credits. As always, you can enjoy more leg room in our premium economy seats, which are offered to our regular passengers at discounted prices, and free meals and drinks. Here are just a few of our flight deals. Call to book your vacation today!

*all discounted flights are limited to weekday departures and returns.

| | |
|---|---|
| New York to Paris | From April $600 |
| New York to Milan | From May $720 |
| Los Angeles to New York | From June $450 |
| Los Angeles to Tokyo | From July $630 |

Please mention code RS-adNEWS to get an additional 10% discount on any flight. Certain restrictions apply.

**16.** What will JetCloud Airlines offer from April?
- (A) More leg room in economy seats
- (B) More mileage credits
- (C) Fewer rules
- (D) Free meals and drinks

Ⓐ Ⓑ Ⓒ Ⓓ

**17.** What do regular passengers receive?
- (A) No baggage restrictions
- (B) Discounts on weekend flights
- (C) Discount hotel rooms
- (D) Better seats

Ⓐ Ⓑ Ⓒ Ⓓ

**18.** What must passengers who want a discounted flight do?
- (A) Book their flight early
- (B) Pay a deposit
- (C) Fly on a weekday
- (D) Book a premium seat

Ⓐ Ⓑ Ⓒ Ⓓ

**19.** Which flight can a customer take for $540 in May?
- (A) New York to Paris
- (B) New York to Milan
- (C) Los Angeles to New York
- (D) Los Angeles to Tokyo

Ⓐ Ⓑ Ⓒ Ⓓ

*GO ON TO THE NEXT PAGE* →

**Questions 20 through 23 refer to the following invitation.**

## *Exclusive Dinner*

*September 13, 7:00 p.m.*
*Hoppers Banquet Room*

*You are cordially invited to our exclusive dinner on September 13, at which we will be showing our newest collection of luxury home gadgets. While you dine on a five-course meal with your choice of entrée, our CEO will make a brief presentation on our latest products. This dinner is reserved for our regular customers. It's our way of saying thank you for your patronage.*

*Those customers who wish to pre-order any item presented at the dinner will receive an additional 15% off their purchase. We will also offer free shipping on any pre-ordered item.*

*We look forward to seeing you there. No RSVP necessary. Please arrive at least 30 minutes prior in order to ensure a seat. No phone calls, please.*

**20.** What is this invitation for?
   (A) A dinner and presentation of new homes
   (B) A dinner for valued employees
   (C) A sales meeting dinner
   (D) A dinner for valued customers

**21.** What is indicated about the dinner?
   (A) Attendees can dine on a ten-course meal.
   (B) Attendees can choose their main dish.
   (C) Attendees can get discounts on meals.
   (D) Attendees can receive free product samples.

**22.** The word "patronage" in paragraph 1, line 7, is closest in meaning to
   (A) audience
   (B) civility
   (C) business
   (D) promotion

**23.** What should customers do to get a place to sit?
   (A) Send an RSVP
   (B) Call in advance
   (C) Get there earlier
   (D) Make a reservation

*GO ON TO THE NEXT PAGE*

**Questions 24 through 28 refer to the following article.**

IT is the source of business intelligence, and is constantly evolving at a very rapid rate. Those who look ahead at the future of IT believe that in a few short years the technology we've acquired will help to eradicate 95% of the diseases that affect the developing world, and lengthen our lifespans. New computer systems of the future will not only be able to provide information, they will be able to learn, have human-like gestures, and even be able to feel.

But more importantly, the IT sector will grow so rapidly that it will provide more and more employment. There will be demand for those who are especially skilled in highly technical positions. For example, data scientists, social media and mobile technology experts, software developers and network engineers.

E-commerce will also improve by leaps and bounds in the very near future as companies are already competitively creating software that makes it easier for people to shop from their smartphones. Overall, everyone will be under the influence of constant connectivity as they plan their days using new technologies.

**24.** What is true about IT?
   (A) It is impossible to predict.
   (B) It is impossible to keep up with.
   (C) It always quickly changes.
   (D) It always eradicates disease.  Ⓐ Ⓑ Ⓒ Ⓓ

**25.** According to the article, what will happen in a few years?
   (A) The developing world will create new technologies.
   (B) There will be too many jobs to fill.
   (C) Computers will get infected by viruses.
   (D) Technologies will help stop illness.  Ⓐ Ⓑ Ⓒ Ⓓ

**26.** What is NOT mentioned about computer systems of the future?
   (A) They will have feelings.
   (B) They will be conversational.
   (C) They will be more like humans.
   (D) They will acquire knowledge.  Ⓐ Ⓑ Ⓒ Ⓓ

**27.** What will there be a demand for in the future?
   (A) Experienced managers
   (B) New technologies
   (C) Smartphone shops
   (D) IT skilled workers  Ⓐ Ⓑ Ⓒ Ⓓ

**28.** What are some companies already doing?
   (A) Developing shopping software for phones
   (B) Creating new phones for shopping
   (C) Selling software over the phone
   (D) Creating software for social media  Ⓐ Ⓑ Ⓒ Ⓓ

*GO ON TO THE NEXT PAGE*

**Questions 29 through 33 refer to the following notice and list.**

## NOTICE

There is a list in the employee lounge that has the weekly chores on it and the name of the employee responsible for each chore. This list will be rotated each week. Please look at the list and if your name is on it, do the assigned task for today and initial it when completed. Each chore needs to be done as scheduled. Please remember that we count on each and every one of you to keep your communal spaces tidy. If you fail to comply, it will be noted in the quarterly evaluations. If you have any questions or concerns, or cannot perform any of these tasks, please talk to Jason in HR. Thanks for your cooperation.

**Chore List for the week of March 16**

| Chore | Employee | 16 | 17 | 18 | 19 | 20 |
|---|---|---|---|---|---|---|
| **Wash dishes** Monday-Friday 5:30 p.m. | Karen | | | | | |
| **Wipe tables and furniture** Tuesday and Thursday 5:30 p.m. | Josh | | | | | |
| **Put away papers and magazines** Monday and Friday 5:30 p.m. | Ben | | | | | |
| **Take out trash** Monday-Friday 10:00 a.m., 5:00 p.m. | Takako | | | | | |
| **Clean coffee machine** Monday-Friday 9:30 a.m. | Jose | *JG* | | | | |
| **Put clean dishes away** Monday-Friday 9:30 a.m. | Marie | *MW* | | | | |
| **Sweep the floor** Monday, Wednesday, Friday 5:00 p.m. | Paul | | | | | |

**29.** What is the purpose of the notice?
(A) To let employees know about changes to chores
(B) To allow employees to volunteer for tasks
(C) To assign certain tasks to employees
(D) To inform employees about evaluations

Ⓐ Ⓑ Ⓒ Ⓓ

**30.** How often should chores be performed?
(A) Once an hour
(B) Routinely once a week
(C) One time in the morning only
(D) It varies according to the schedule.

Ⓐ Ⓑ Ⓒ Ⓓ

**31.** What will happen if an employee doesn't perform an assigned task?
(A) It will be noted during appraisals.
(B) He or she will be reprimanded.
(C) He or she will be fired.
(D) It will be counted as an absence.

Ⓐ Ⓑ Ⓒ Ⓓ

**32.** What is indicated about the list?
(A) Chores can be done at one's own pace.
(B) It changes quarterly.
(C) It changes weekly.
(D) Chores are assigned on a rotating daily basis.

Ⓐ Ⓑ Ⓒ Ⓓ

**33.** What can be implied about the current day and time of day?
(A) It's Friday afternoon.
(B) It's Monday evening.
(C) It's Monday morning.
(D) It's Friday morning.

Ⓐ Ⓑ Ⓒ Ⓓ

*GO ON TO THE NEXT PAGE*

**Questions 34 through 38 refer to the following e-mails.**

To: cs@finejet.com
From: Rob Harper <rharp@honet.org>
Subject: An error in my reservations

Hello,

I'm writing to you because I've noticed an error in the reservations for my upcoming trip and need some clarification. My e-ticket number is EYU6389 and it's a round-trip ticket to London.
On my itinerary on your site, it states that I'm only allowed one check-in bag and one carry-on bag. But when I made the reservations I clearly paid for two check-in bags, and it states that on my receipt. I would like to clear up this matter before my flight next week so that I don't have any surprises.
Thanks for your time.

Regards,
Robert Harper

To: Rob Harper <rharp@honet.org>
From: Bette Jamet <bjamet@finejet.com>

Dear Mr. Harper,

Thank you for writing our customer service department with your concern. I have looked over your reservations and indeed your extra check-in baggage purchase was not included in them. I also found that you did make this purchase on the 5th of January.
Please accept my apologies and be rest assured that you will be allowed one extra check-in item at no extra charge.
Please also keep this code: 53ERT9. It is good for $50 off your next ticket purchase. Feel free to call me at 1-800-3627-9273 if you have any questions.
Thanks as always for your continued patronage.

Sincerely,
B. Jamet
Customer Service Manager
Fine Jet

**34.** What is the purpose of the first e-mail?
   - (A) To ask for a receipt for a flight ticket purchase
   - (B) To ask for an extra carry-on bag allowance for a flight
   - (C) To request a flight reservation change
   - (D) To report a mistake in flight reservations

**35.** What is true about Mr. Harper's trip?
   - (A) It's a one-way one.
   - (B) Its destination isn't decided.
   - (C) It lasts one week.
   - (D) Its schedule can be seen online.

**36.** What did Bette Jamet discover?
   - (A) Robert Harper paid for extra check-in baggage.
   - (B) Robert Harper does not have a reservation.
   - (C) Robert Harper did not pay for extra check-in baggage.
   - (D) Robert Harper made a reservation before the 5th of January.

**37.** The word "concern" in line 2 of the second e-mail is closest in meaning to
   - (A) upset
   - (B) anger
   - (C) regret
   - (D) grievance

**38.** What was offered to Robert Harper?
   - (A) Half off the prices of his next flight
   - (B) A discount for his next flight
   - (C) Fifty dollars off of all goods
   - (D) An extra check-in bag for $50

Questions 39 through 43 refer to the following advertisement and e-mail.

**New Spa Opening Company Campaign:**

# Win a free full-body spa treatment for you and ten coworkers!

Do you and your coworkers feel tired, stressed, overworked? Come and visit Thermobliss Spa in its new downtown location! And to celebrate our new downtown location, we are offering you and ten of your coworkers a chance to win a free, full-body spa treatment.

Here's what to do: Send us an e-mail at contest@thermobliss.com with the word "contest" in the subject line and tell us why you and your coworkers deserve a relaxing, state-of-the-art spa treatment.

Contest ends May 5. Send in your entry before April 30 to receive 10 percent off future spa treatments for you and your coworkers.

Employees and relatives of Thermobliss not eligible.

*GO ON TO THE NEXT PAGE*

To: contest@thermobliss.com
From: Henry Reed <henryr@gernams.com>
Subject: Contest
Date: April 24

Hi,

I'd like to throw my hat in the ring and enter your contest. My name is Henry Reed and I am the general manager of a department store called Gernam's. The company is located downtown not far from you and all of our employees have been anxiously awaiting the opening of your spa. We have talked endlessly about going for a treatment. I had thought I would treat my hard-working employees to a full treatment once you opened. They are very loyal workers, and are sometimes called upon to work very late hours. As we are in an ideal location, we are also very busy, and some customers can be very demanding of the employees. You can imagine the amount of stress this places on them.
Therefore I'm hoping you will consider granting us the free full-body treatments. I'm not so concerned with having one for myself, but certainly I believe my employees deserve it.
Thanks and I look forward to hearing from you.

Cheers,
Henry Reed
General Manager
Gernam's

**39.** What is the advertisement for?
   (A) A new spa employee contest
   (B) A contest to win a discount on spa treatments
   (C) A contest for a newly opened spa
   (D) A new spa opening soon

   Ⓐ Ⓑ Ⓒ Ⓓ

**40.** How many people can win a treatment?
   (A) One
   (B) Eleven
   (C) Ten
   (D) Twenty

   Ⓐ Ⓑ Ⓒ Ⓓ

**41.** Who cannot enter the contest?
   (A) City officials and their relatives
   (B) Those who work for Thermobliss' competitors
   (C) Those who work for the spa
   (D) Employees of Gernam's

   Ⓐ Ⓑ Ⓒ Ⓓ

**42.** What will Henry Reed and his coworkers surely receive?
   (A) Free massages
   (B) A prize for entering
   (C) A discount on spa treatments
   (D) Free full-body spa treatments

   Ⓐ Ⓑ Ⓒ Ⓓ

**43.** What is NOT mentioned about Gernam's employees?
   (A) They do not take breaks.
   (B) They work late hours.
   (C) They are loyal.
   (D) They serve difficult customers.

   Ⓐ Ⓑ Ⓒ Ⓓ

*GO ON TO THE NEXT PAGE*

**Questions 44 through 48 refer to the following presentation and memo.**

## Today's presentation
## Topic: How To Measure a Company's Performance

Measuring a company's performance involves much more than just calculating financial results. There are many different factors that should be considered in order to get an accurate measure. You must consider your customer's and shareholder's needs and make sure they are satisfied, so a very accurate measure is of the utmost importance. Here are some other things to include:

1. **Income Statements**
   (a) before and after tax income
   (b) corresponding margins
   (c) benchmark

2. **Balance Sheets**
   (a) stockholder's equity
   (b) cash available to cover debt
   (c) cash flow generation forecasts

3. **Production capacity and Productivity**
   (a) distribution as important as production
   (b) product life cycles
   (c) product innovation

**Memo**

To: All staff
From: Nick Hammersmith
Subject: Yesterday's presentation

Thank you all for coming to the demo of my presentation and for the lively discussion afterward. From this discussion, I picked up a few tips on how to expand and improve it.

Dalilah from accounting suggested that I add more about what to do in case of productivity decline; especially in the case of a manufacturing malfunction. Dario mentioned that it would be good to compare the competitors' earnings and the market data when making a balance sheet.

And for my next presentation, I will present info about our customers, our market potential and how to use marketing more effectively as a way to acquire more customers, external problems that affect our customer base and proper customer relation training methods.

Sarah and James from sales will help me with this presentation, so please cooperate by providing any data they may ask for. The deadline for this is next Thursday so please give them the data as soon as possible. I will let you all know when and where this presentation will take place. If anyone else has something to contribute, please send an e-mail.

Nick

**44.** What was the presentation intended as?
(A) A marketing survey
(B) A sales pitch
(C) A trial
(D) A budget proposal

**45.** What is one thing that will be covered in the balance sheet topic?
(A) Product distribution
(B) Benchmarks
(C) Predicting cash flow
(D) Forecasting competitor's profits

**46.** What is NOT a topic of the next presentation?
(A) Advertising for new business
(B) Market data for production
(C) Training staff in how to deal with customers
(D) Problems from outside that influence customers

**47.** What is implied about the next presentation?
(A) It is regarding current sales.
(B) It will be centered around productivity.
(C) The presentation will be made by the sales department.
(D) The data for it must be collected immediately.

**48.** The word "malfunction" in the memo, paragraph 2, line 3, is closest in meaning to
(A) illness
(B) misadventure
(C) strangeness
(D) failure

## 「解答用紙」の使い方

TEST 1～4の解答用紙を以下のページに用意しています。切り取って、利用してください。スタート時間（Start）・終了時間（Finish）・かかった時間（Duration）を記入できるようになっています。

TEST 1 解答用紙　▶　p.113
TEST 2 解答用紙　▶　p.115
TEST 3 解答用紙　▶　p.117
TEST 4 解答用紙　▶　p.119

# TEST 1
## マークシート
### PART 7

| REGISTRATION NO. 受験番号 | | | | | |
|---|---|---|---|---|---|

| フリガナ | |
|---|---|
| NAME 氏名 | |

| Part 7 | | | | | | | | | |
|---|---|---|---|---|---|---|---|---|---|
| No. | ANSWER<br>A B C D | No. | ANSWER<br>A B C D | No. | ANSWER<br>A B C D | No. | ANSWER<br>A B C D | No. | ANSWER<br>A B C D |
| 1 | Ⓐ Ⓑ Ⓒ Ⓓ | 11 | Ⓐ Ⓑ Ⓒ Ⓓ | 21 | Ⓐ Ⓑ Ⓒ Ⓓ | 31 | Ⓐ Ⓑ Ⓒ Ⓓ | 41 | Ⓐ Ⓑ Ⓒ Ⓓ |
| 2 | Ⓐ Ⓑ Ⓒ Ⓓ | 12 | Ⓐ Ⓑ Ⓒ Ⓓ | 22 | Ⓐ Ⓑ Ⓒ Ⓓ | 32 | Ⓐ Ⓑ Ⓒ Ⓓ | 42 | Ⓐ Ⓑ Ⓒ Ⓓ |
| 3 | Ⓐ Ⓑ Ⓒ Ⓓ | 13 | Ⓐ Ⓑ Ⓒ Ⓓ | 23 | Ⓐ Ⓑ Ⓒ Ⓓ | 33 | Ⓐ Ⓑ Ⓒ Ⓓ | 43 | Ⓐ Ⓑ Ⓒ Ⓓ |
| 4 | Ⓐ Ⓑ Ⓒ Ⓓ | 14 | Ⓐ Ⓑ Ⓒ Ⓓ | 24 | Ⓐ Ⓑ Ⓒ Ⓓ | 34 | Ⓐ Ⓑ Ⓒ Ⓓ | 44 | Ⓐ Ⓑ Ⓒ Ⓓ |
| 5 | Ⓐ Ⓑ Ⓒ Ⓓ | 15 | Ⓐ Ⓑ Ⓒ Ⓓ | 25 | Ⓐ Ⓑ Ⓒ Ⓓ | 35 | Ⓐ Ⓑ Ⓒ Ⓓ | 45 | Ⓐ Ⓑ Ⓒ Ⓓ |
| 6 | Ⓐ Ⓑ Ⓒ Ⓓ | 16 | Ⓐ Ⓑ Ⓒ Ⓓ | 26 | Ⓐ Ⓑ Ⓒ Ⓓ | 36 | Ⓐ Ⓑ Ⓒ Ⓓ | 46 | Ⓐ Ⓑ Ⓒ Ⓓ |
| 7 | Ⓐ Ⓑ Ⓒ Ⓓ | 17 | Ⓐ Ⓑ Ⓒ Ⓓ | 27 | Ⓐ Ⓑ Ⓒ Ⓓ | 37 | Ⓐ Ⓑ Ⓒ Ⓓ | 47 | Ⓐ Ⓑ Ⓒ Ⓓ |
| 8 | Ⓐ Ⓑ Ⓒ Ⓓ | 18 | Ⓐ Ⓑ Ⓒ Ⓓ | 28 | Ⓐ Ⓑ Ⓒ Ⓓ | 38 | Ⓐ Ⓑ Ⓒ Ⓓ | 48 | Ⓐ Ⓑ Ⓒ Ⓓ |
| 9 | Ⓐ Ⓑ Ⓒ Ⓓ | 19 | Ⓐ Ⓑ Ⓒ Ⓓ | 29 | Ⓐ Ⓑ Ⓒ Ⓓ | 39 | Ⓐ Ⓑ Ⓒ Ⓓ | | |
| 10 | Ⓐ Ⓑ Ⓒ Ⓓ | 20 | Ⓐ Ⓑ Ⓒ Ⓓ | 30 | Ⓐ Ⓑ Ⓒ Ⓓ | 40 | Ⓐ Ⓑ Ⓒ Ⓓ | | |

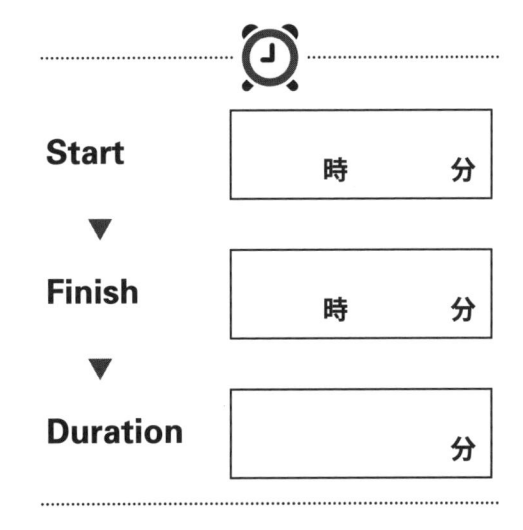

**Start** 時 分

▼

**Finish** 時 分

▼

**Duration** 分

# TEST 2
## マークシート
**PART 7**

REGISTRATION NO. 受験番号

フリガナ
NAME 氏名

| Part 7 | | | | | | | | | |
|---|---|---|---|---|---|---|---|---|---|
| No. | ANSWER A B C D | No. | ANSWER A B C D | No. | ANSWER A B C D | No. | ANSWER A B C D | No. | ANSWER A B C D |
| 1 | Ⓐ Ⓑ Ⓒ Ⓓ | 11 | Ⓐ Ⓑ Ⓒ Ⓓ | 21 | Ⓐ Ⓑ Ⓒ Ⓓ | 31 | Ⓐ Ⓑ Ⓒ Ⓓ | 41 | Ⓐ Ⓑ Ⓒ Ⓓ |
| 2 | Ⓐ Ⓑ Ⓒ Ⓓ | 12 | Ⓐ Ⓑ Ⓒ Ⓓ | 22 | Ⓐ Ⓑ Ⓒ Ⓓ | 32 | Ⓐ Ⓑ Ⓒ Ⓓ | 42 | Ⓐ Ⓑ Ⓒ Ⓓ |
| 3 | Ⓐ Ⓑ Ⓒ Ⓓ | 13 | Ⓐ Ⓑ Ⓒ Ⓓ | 23 | Ⓐ Ⓑ Ⓒ Ⓓ | 33 | Ⓐ Ⓑ Ⓒ Ⓓ | 43 | Ⓐ Ⓑ Ⓒ Ⓓ |
| 4 | Ⓐ Ⓑ Ⓒ Ⓓ | 14 | Ⓐ Ⓑ Ⓒ Ⓓ | 24 | Ⓐ Ⓑ Ⓒ Ⓓ | 34 | Ⓐ Ⓑ Ⓒ Ⓓ | 44 | Ⓐ Ⓑ Ⓒ Ⓓ |
| 5 | Ⓐ Ⓑ Ⓒ Ⓓ | 15 | Ⓐ Ⓑ Ⓒ Ⓓ | 25 | Ⓐ Ⓑ Ⓒ Ⓓ | 35 | Ⓐ Ⓑ Ⓒ Ⓓ | 45 | Ⓐ Ⓑ Ⓒ Ⓓ |
| 6 | Ⓐ Ⓑ Ⓒ Ⓓ | 16 | Ⓐ Ⓑ Ⓒ Ⓓ | 26 | Ⓐ Ⓑ Ⓒ Ⓓ | 36 | Ⓐ Ⓑ Ⓒ Ⓓ | 46 | Ⓐ Ⓑ Ⓒ Ⓓ |
| 7 | Ⓐ Ⓑ Ⓒ Ⓓ | 17 | Ⓐ Ⓑ Ⓒ Ⓓ | 27 | Ⓐ Ⓑ Ⓒ Ⓓ | 37 | Ⓐ Ⓑ Ⓒ Ⓓ | 47 | Ⓐ Ⓑ Ⓒ Ⓓ |
| 8 | Ⓐ Ⓑ Ⓒ Ⓓ | 18 | Ⓐ Ⓑ Ⓒ Ⓓ | 28 | Ⓐ Ⓑ Ⓒ Ⓓ | 38 | Ⓐ Ⓑ Ⓒ Ⓓ | 48 | Ⓐ Ⓑ Ⓒ Ⓓ |
| 9 | Ⓐ Ⓑ Ⓒ Ⓓ | 19 | Ⓐ Ⓑ Ⓒ Ⓓ | 29 | Ⓐ Ⓑ Ⓒ Ⓓ | 39 | Ⓐ Ⓑ Ⓒ Ⓓ | | |
| 10 | Ⓐ Ⓑ Ⓒ Ⓓ | 20 | Ⓐ Ⓑ Ⓒ Ⓓ | 30 | Ⓐ Ⓑ Ⓒ Ⓓ | 40 | Ⓐ Ⓑ Ⓒ Ⓓ | | |

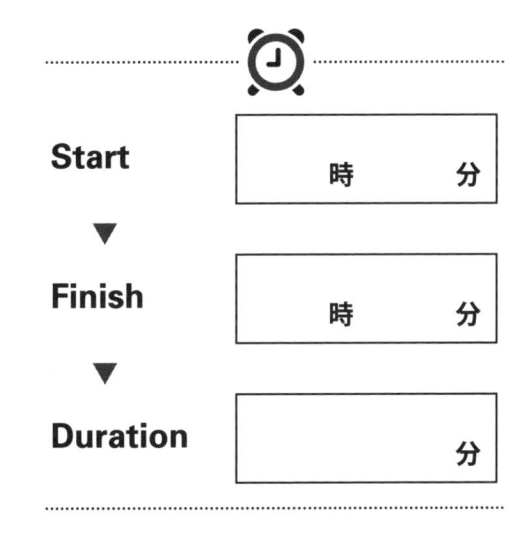

**Start** 時 分
▼
**Finish** 時 分
▼
**Duration** 分

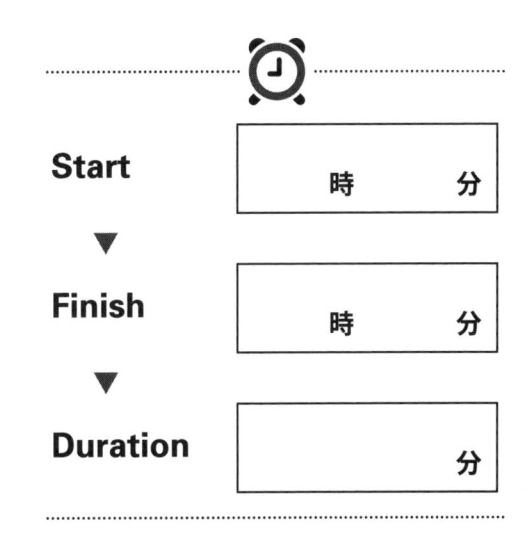

# TEST 3
## マークシート
**PART 7**

REGISTRATION NO.
受 験 番 号

フリガナ
NAME
氏　　名

| Part 7 | | | | | | | | | |
|---|---|---|---|---|---|---|---|---|---|
| No. | ANSWER<br>A B C D | No. | ANSWER<br>A B C D | No. | ANSWER<br>A B C D | No. | ANSWER<br>A B C D | No. | ANSWER<br>A B C D |
| 1 | Ⓐ Ⓑ Ⓒ Ⓓ | 11 | Ⓐ Ⓑ Ⓒ Ⓓ | 21 | Ⓐ Ⓑ Ⓒ Ⓓ | 31 | Ⓐ Ⓑ Ⓒ Ⓓ | 41 | Ⓐ Ⓑ Ⓒ Ⓓ |
| 2 | Ⓐ Ⓑ Ⓒ Ⓓ | 12 | Ⓐ Ⓑ Ⓒ Ⓓ | 22 | Ⓐ Ⓑ Ⓒ Ⓓ | 32 | Ⓐ Ⓑ Ⓒ Ⓓ | 42 | Ⓐ Ⓑ Ⓒ Ⓓ |
| 3 | Ⓐ Ⓑ Ⓒ Ⓓ | 13 | Ⓐ Ⓑ Ⓒ Ⓓ | 23 | Ⓐ Ⓑ Ⓒ Ⓓ | 33 | Ⓐ Ⓑ Ⓒ Ⓓ | 43 | Ⓐ Ⓑ Ⓒ Ⓓ |
| 4 | Ⓐ Ⓑ Ⓒ Ⓓ | 14 | Ⓐ Ⓑ Ⓒ Ⓓ | 24 | Ⓐ Ⓑ Ⓒ Ⓓ | 34 | Ⓐ Ⓑ Ⓒ Ⓓ | 44 | Ⓐ Ⓑ Ⓒ Ⓓ |
| 5 | Ⓐ Ⓑ Ⓒ Ⓓ | 15 | Ⓐ Ⓑ Ⓒ Ⓓ | 25 | Ⓐ Ⓑ Ⓒ Ⓓ | 35 | Ⓐ Ⓑ Ⓒ Ⓓ | 45 | Ⓐ Ⓑ Ⓒ Ⓓ |
| 6 | Ⓐ Ⓑ Ⓒ Ⓓ | 16 | Ⓐ Ⓑ Ⓒ Ⓓ | 26 | Ⓐ Ⓑ Ⓒ Ⓓ | 36 | Ⓐ Ⓑ Ⓒ Ⓓ | 46 | Ⓐ Ⓑ Ⓒ Ⓓ |
| 7 | Ⓐ Ⓑ Ⓒ Ⓓ | 17 | Ⓐ Ⓑ Ⓒ Ⓓ | 27 | Ⓐ Ⓑ Ⓒ Ⓓ | 37 | Ⓐ Ⓑ Ⓒ Ⓓ | 47 | Ⓐ Ⓑ Ⓒ Ⓓ |
| 8 | Ⓐ Ⓑ Ⓒ Ⓓ | 18 | Ⓐ Ⓑ Ⓒ Ⓓ | 28 | Ⓐ Ⓑ Ⓒ Ⓓ | 38 | Ⓐ Ⓑ Ⓒ Ⓓ | 48 | Ⓐ Ⓑ Ⓒ Ⓓ |
| 9 | Ⓐ Ⓑ Ⓒ Ⓓ | 19 | Ⓐ Ⓑ Ⓒ Ⓓ | 29 | Ⓐ Ⓑ Ⓒ Ⓓ | 39 | Ⓐ Ⓑ Ⓒ Ⓓ | | |
| 10 | Ⓐ Ⓑ Ⓒ Ⓓ | 20 | Ⓐ Ⓑ Ⓒ Ⓓ | 30 | Ⓐ Ⓑ Ⓒ Ⓓ | 40 | Ⓐ Ⓑ Ⓒ Ⓓ | | |

**Start** 　時　　分

▼

**Finish** 　時　　分

▼

**Duration** 　　　分

# TEST 4
## マークシート
**PART 7**

| REGISTRATION NO. 受験番号 | | | | | | |
|---|---|---|---|---|---|---|
| フリガナ | | | | | | |
| NAME 氏名 | | | | | | |

### Part 7

| No. | ANSWER A B C D | No. | ANSWER A B C D | No. | ANSWER A B C D | No. | ANSWER A B C D | No. | ANSWER A B C D |
|---|---|---|---|---|---|---|---|---|---|
| 1 | Ⓐ Ⓑ Ⓒ Ⓓ | 11 | Ⓐ Ⓑ Ⓒ Ⓓ | 21 | Ⓐ Ⓑ Ⓒ Ⓓ | 31 | Ⓐ Ⓑ Ⓒ Ⓓ | 41 | Ⓐ Ⓑ Ⓒ Ⓓ |
| 2 | Ⓐ Ⓑ Ⓒ Ⓓ | 12 | Ⓐ Ⓑ Ⓒ Ⓓ | 22 | Ⓐ Ⓑ Ⓒ Ⓓ | 32 | Ⓐ Ⓑ Ⓒ Ⓓ | 42 | Ⓐ Ⓑ Ⓒ Ⓓ |
| 3 | Ⓐ Ⓑ Ⓒ Ⓓ | 13 | Ⓐ Ⓑ Ⓒ Ⓓ | 23 | Ⓐ Ⓑ Ⓒ Ⓓ | 33 | Ⓐ Ⓑ Ⓒ Ⓓ | 43 | Ⓐ Ⓑ Ⓒ Ⓓ |
| 4 | Ⓐ Ⓑ Ⓒ Ⓓ | 14 | Ⓐ Ⓑ Ⓒ Ⓓ | 24 | Ⓐ Ⓑ Ⓒ Ⓓ | 34 | Ⓐ Ⓑ Ⓒ Ⓓ | 44 | Ⓐ Ⓑ Ⓒ Ⓓ |
| 5 | Ⓐ Ⓑ Ⓒ Ⓓ | 15 | Ⓐ Ⓑ Ⓒ Ⓓ | 25 | Ⓐ Ⓑ Ⓒ Ⓓ | 35 | Ⓐ Ⓑ Ⓒ Ⓓ | 45 | Ⓐ Ⓑ Ⓒ Ⓓ |
| 6 | Ⓐ Ⓑ Ⓒ Ⓓ | 16 | Ⓐ Ⓑ Ⓒ Ⓓ | 26 | Ⓐ Ⓑ Ⓒ Ⓓ | 36 | Ⓐ Ⓑ Ⓒ Ⓓ | 46 | Ⓐ Ⓑ Ⓒ Ⓓ |
| 7 | Ⓐ Ⓑ Ⓒ Ⓓ | 17 | Ⓐ Ⓑ Ⓒ Ⓓ | 27 | Ⓐ Ⓑ Ⓒ Ⓓ | 37 | Ⓐ Ⓑ Ⓒ Ⓓ | 47 | Ⓐ Ⓑ Ⓒ Ⓓ |
| 8 | Ⓐ Ⓑ Ⓒ Ⓓ | 18 | Ⓐ Ⓑ Ⓒ Ⓓ | 28 | Ⓐ Ⓑ Ⓒ Ⓓ | 38 | Ⓐ Ⓑ Ⓒ Ⓓ | 48 | Ⓐ Ⓑ Ⓒ Ⓓ |
| 9 | Ⓐ Ⓑ Ⓒ Ⓓ | 19 | Ⓐ Ⓑ Ⓒ Ⓓ | 29 | Ⓐ Ⓑ Ⓒ Ⓓ | 39 | Ⓐ Ⓑ Ⓒ Ⓓ | | |
| 10 | Ⓐ Ⓑ Ⓒ Ⓓ | 20 | Ⓐ Ⓑ Ⓒ Ⓓ | 30 | Ⓐ Ⓑ Ⓒ Ⓓ | 40 | Ⓐ Ⓑ Ⓒ Ⓓ | | |

**Start** 時 分

▼

**Finish** 時 分

▼

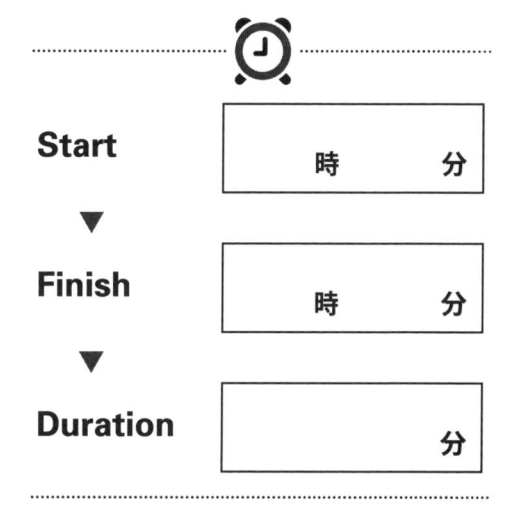

**Duration** 分